こんな時 英語でなんて言う?

デイビッド・セイン

まえがき

　どうしたら英語が不自由なく話せるようになるのか？——そうした思いを抱いている日本人は多いかと思います。ところが、「話せる」ためには、その前に英語を「知っている」必要があります。自分の中に知識として入っていないものを話すことはできないからです。

　日本人は学校や受験で英語をたくさん勉強していますが、必ずしも十分に英語を「知っている」とは言えないようです。理由はおそらく、断片的で細切れな情報の暗記に傾いていたからではないでしょうか。

　言葉は、それが使われる状況から切り離すことはできません。英語が話される文脈を無視して、やみくもに大量の単語や熟語を覚えても、使える知識になりにくいことは明らかです。ある会話の流れの中ではどういう表現がふさわしいかを、丸ごと学ぶことが重要なのです。そのためには、「こんな時 英語でなんて言う？」と一つ一つ確かめていく地道な努力が大切でしょう。

　本書では、そういう思いから、英語が実際に用いられるであろう場面を数多く想定して、コンテクストの中で

覚えていけるようにしました。みなさんが英語を包括的に「知っている」という状態を作り出し、結果として「話せる」ことにつながるよう目指しています。

全体は5つの章から成りますが、内容としては三部構成となっています。最初の部分は第1〜3章の「英語で言えますか？」で、これが本書のメインをなします。次は第4章の「影の英語」、そして最後の部分は第5章「間違えやすい英語」です。それぞれの内容をご紹介しましょう。

第1〜3章「英語で言えますか？」は、ある架空の企業「NK商社」を舞台に繰り広げられる、日々のちょっとしたドタバタを会話形式で描写しています。毎回2つずつ会話があり、その中で使われているフレーズや語句を解説します。回を追って物語が進行するようになっており、全体は前編・中編・後編に分かれています。

前編（第1章）では、新人社員が不器用ながら頑張る姿を中心に、社長のでたらめぶりなども描き、続く中編（第2章）では、業績回復のためコンサルタントを雇用するものの振り回される滑稽なエピソード、そして後編（第3章）では、万策尽きて悲観的になる中、会社に転機が訪れる……といった内容が展開します。

各回の末尾にはコラム「セインのビジネスひとくちメモ」があり、英語圏と日本とのビジネス文化の違いを知

ることができるようにもなっています。

　第4章「影の英語」では、誤解を招くかもしれない表現と対比する形で、その場にふさわしい言い方を学べるようにしました。まずは、「正しい訳」（＝表向きの正式な意味）のほかに「影の意味」（＝隠された言外の含み）を持ちうるフレーズが示されます。次に、そんな裏のニュアンスを持たない安全な言い回しを紹介します。

　さらに、それらの中で使われた単語を一つ取り上げ、「あなたが知らない本当の使い方」と題していくつかの例文と解説も加えていますので、語の持つ広がりを感じ取れることでしょう。

　第5章「間違えやすい英語」は、日本人が言葉の使い方を間違えて、ネイティブとの話がかみ合わなくなる短い対話を中心としています。正誤2パターンの対話を比べて、英語を正確に使い分けることに慣れてもらうのが目的です。この章では、とりわけ気軽に面白く読めるように心がけました。

　また、「この際おさえておきたい〇〇の使い方」のコーナーには、対話のキーワードとなった単語を含む例文が数多く載っています。ぜひさまざまな使われ方をすることを学んでください。

本書は以上の構成になっていますが、パラパラとページをめくって興味のあるところから先に読んでも結構です。語学は日々の積み重ねが肝心ですので、飽きずに学習を続けられるよう、力を抜いて楽しみましょう。
　日本人にとって学習しやすい英文を満載したこの本を通じて、みなさんの中に多くの知識が蓄えられ、英語を使いこなせる人になってくださいますよう願ってやみません。

　　　　　　　　　　　　　　　　デイビッド・セイン

目　次

第 1 章
英語で言えますか？〈前編〉
---

1 英語で責任とれますか？　12
2 「規則」について英語できちんと話せますか？　19
3 賛成のニュアンス、英語で伝えられますか？　25
4 プレゼンでの緊張、
英語でうまく伝えられますか？　31
5 部下とのコミュニケーション、英語でとるには？　38

第 2 章
英語で言えますか？〈中編〉
---

1 英語で悪い知らせを伝えるとき
受け止めるとき　46
2 相手の気持ちを汲んだ発言、英語でできますか？　53
3 待つ、待ってもらうとき便利な英語表現は？　61
4 なかなか腰を上げない人を急がせる英語は？　67
5 見え透いた言い訳に英語で対応するには？　73
6 英語でビジネス上の誤解を解くには？　80

第 3 章
英語で言えますか？〈後編〉

1. 後悔を伝えるとき、使える英語は？　90
2. よいニュースを伝えるとき、効果的な英語は？　96
3. 命令や指示出し、英語でできますか？　102
4. 英語で社内に通達するとき、適切な言い回しは？　109
5. 英語でお祝いをするとき、気のきいた表現は？　116

第 4 章
影の英語

1. 「感謝が足りない」と思われてしまうThank you.とは？　124
2. 「日本人は怒りっぽいの？」と疑われやすい3つの英語　130
3. 「上から目線」と嫌われる4つの英語　136
4. 「日本人は非協力的」と誤解される3つの英語　142
5. 「社交辞令ばかり」と思われる3つの英語　148
6. 英語で意見を聞くときopinionの使い方には要注意　154
7. それじゃ炎上一直線！　日本人が避けたい3つの英語　161

8 それはケンカ別れ
　交渉打ち切りで避けたい3つの英語　167
9 望まぬ異動にどう返事
　後ろ向きと思われる3つの英語　174

第 5 章
間違えやすい英語
---

1 1ドル札が降ってくる!?
　単数と複数で意味は大違い　180
2 「静かにして」はquietかsilentか
　言葉の選択に注意　186
3 sell wellを受身にすると……
　変わる意味に気をつけて　192
4 playは子供と遊ぶイメージ
　大人同士なら別の言葉で　198
5 意外に言えない「結構です」
　直訳調は相手を怒らせる　204
6 「どういうこと？」が「意味ないね」に
　theは難しい　210
7 署名求めたら「私はおとめ座」
　名詞signは通じない　217

第 1 章

英語で言えますか?〈前編〉

1

英語で責任とれますか？

　日本社会がチームやグループを重視するビジネス文化である一方で、アメリカなどでは個人個人の働きが重視され、また評価されます。そのため、responsible（責任がある、責任を負うべき）やresponsibility（責任）といった語をよく使うのだと思います。

　日本語で言う「社会人」をそのまま英語にするとa social personですが、これは「友人の多い人」の意味。英語ではa responsible adult（責任を持つ成人）が近い訳になるでしょう。

Case 1

Sally : How are you settling in?
Ito　 : Okay, I guess. I'm still not sure I understand my job responsibilities.
Sally : Since we're a small company, we have to wear several hats.
Ito　 : I guess it's a good way to get experience, but it's hard for me to multitask.
Sally : Don't worry, you'll soon get used to it. I

　　　　　remember feeling overburdened when I first started here.

Ito ： But if I get really busy and make a serious mistake, I'll have to take responsibility.

Sally： Well, you just need to be careful and double check everything.

Ito ： Okay, I'll try, but I just feel like I have too much on my plate. It feels like I could work 24 hours a day and still not finish everything.

対訳

サリー：どう、落ち着いた？

伊　藤：えーと、何か、自分の仕事の責任というものがまだ理解できているとは思っていないんですけど。

サリー：うちは小さな会社だから、みんながいろいろな仕事をしなくちゃならないの。

伊　藤：経験を積むにはいい方法ですけど、複数のことを同時にこなすのは大変です。

サリー：心配しなくても大丈夫、すぐに慣れるから。ここで働き始めたときは私もとても負担に感じたことを思い出すわ。

伊　藤：でも、すごく忙しくなって大きなミスを犯したら、責任は取らなければならないでしょうね。

サリー：そうね、よく気をつけて何事もダブルチェックしさえすればいいのよ。

伊　藤：分かりました、そうしてみます。でも、やることが多すぎるような気がします。1日24時間働いて、まだ全部終わらないという感じです。

解説

- **job responsibilities**　仕事上の責任、職責
- **we have to wear several hats.**　みんながいろいろな仕事をしなくちゃならないの。
  → wear several hats：いくつもの帽子をかぶる、すなわち「さまざまな役割を担う」。hatには「役割、仕事」の意味があります。
- **multitask**　複数の仕事を同時に行う
- **get used to**　〜に慣れる
- **feel overburdened**　過度の負担に感じる
- **I have too much on my plate**　やることが多すぎる
  → 私のお皿は山盛りだ、すなわち「やることが山ほどあって、とても忙しい」の意味。ほかにも忙しさを表すのであれば、I'm buried in work.（仕事で身動きがとれない）、I'm all tied up now.（今、手が離せません）なども使えます。

Case 2

Tanaka : Look at this order that Ito got! It's for half a million parts!

Mariko : Half a million? That doesn't seem right.

Tanaka : It better be, because I've already put in the order and production has already started. It's too late to cancel it now.

Mariko : Oh, Ito-san, we were just talking about you. Did you really get an order for 500,000 parts?

Ito : No, of course not. It was for 5,000 parts.

Tanaka : You gotta be kidding me! Who's going to pay for this?!

Ito : Don't worry. I'll take full responsibility. It's all my fault.

Mariko : If you worked here for 20 years, you still couldn't pay it off. Where did Tanaka-san go?

Ito : He's in the bathroom. I think he's crying.

対訳

社　長：伊藤君が取ってきたこの注文！　50万部品だ！

まり子：50万？　なんか違うような。

社　長：間違いであってほしくないね。もう注文を入れて、生産はすでに始まっているから

ね。今さら中止するには遅すぎるよ。
まり子：あら、伊藤さん、ちょうどあなたのことを話していたところよ。本当に50万部品の注文を取ったの？
伊　藤：いいえ、もちろん違いますよ。5000部品ですよ。
社　長：うそだろ！　誰がこれを支払うんだ⁉
伊　藤：ご心配なく。私がすべて責任を持ちますよ。すべて私のせいなんですから。
まり子：ここで20年働いたって、完済なんてできないわよ。社長はどこ？
伊　藤：洗面所です。泣いているんだと思います。

解説

▶ **half a million**　50万
　➡ five hundred thousand のように表すと分かりにくいので、「100万の半分」と言えば間違いを回避することができます。

▶ **That doesn't seem right.**　なんか違うような。
　➡ 正しくないようだ、すなわち「違うような気がする」。

▶ **It better be,**　間違いであってほしくないね。
　➡ It had better be. の略。「～であってほしい」の意味。be の後にはこの場合 right（正しい）が来ます。「その通りであってほしい」「そうじゃなきゃ困る」と

いうこと。
- **It's too late to cancel it now.**　今さら中止できないよ。
  - もう中止するには遅すぎる。
- **You gotta be kidding me!**　うそだろ！
  - gotta は have got to の短縮形。「私をからかっているに違いない」の意味です。
- **pay off**　完済する

セインのビジネスひとくちメモ

　I'm responsible. には、実は二つの意味があります。一つは「私の責任です」、すなわち「私のせいでこうなりました」。もう一つは「私は責任感が強いです」と性格を表す場合です。

　Who's going to take responsibility for this? にも、二つの意味があります。「誰がこれを担当しますか？」、そしてもう一つは「これは誰が弁償しますか？」です。

　I'll take responsibility. も同様。「私に任せてください」と、もう一つは「私が悪いんです」の意味。

　自分が責任を取るだけではなく、相手に責任を取らせる場合もあります。If this doesn't work, I'm going to hold you responsible.(これがうまくいかなかったら、あなたに責任を取ってもらいます)のように、hold ... responsible でこの意味が表せます。

　The President feels responsible to the corporations that give him money.(大統領はお金をくれる企業に責任があると感じる)のように feel responsible to は「～に責任を感じる」の意味になります。

　社会において「責任」は大きな意味を持ちます。まして や、常に結果責任が問われるビジネスにおいては「責任」の意味をしっかり受け止める必要があります。be responsible、take responsibility を正確に理解するようにしましょう。

2

「規則」について英語できちんと話せますか?

　言われたことは忠実に守る。決して悪いことではありません。特に新入社員にとってはまずは大切なこと。でも、何事も「過ぎたるは及ばざるが如し」(More than enough is too much. / More is not always better.)です。

　まり子部長に言われたことをそのまま社長に言ってしまった伊藤君。間違ってはいませんが、正しければいいというものでもなし。まり子部長は、そんな彼に空気を読んでほしいと思っているのですが……。

Case 1

Mariko : Hey, where are you going?
Ito　　: I'm just going to lunch. Did I do something wrong?
Mariko : You can't just ignore the company rules.
Ito　　: But it's only three minutes before 12:00.
Mariko : The rules are the rules.
Ito　　: Okay, I'll sit at my desk for three more minutes.
Mariko : I'm sorry for being a stickler for the rules, but

	we have to maintain order.
Ito	: All right. I'll try to do everything by the book.
Mariko	: Everything goes smoother when everyone follows the rules.

対訳

まり子：ちょっと、どこへ行くの？
伊　藤：今、ランチに行くところです。何か間違っていますか？
まり子：社則を無視してはだめよ。
伊　藤：でも、12時のたった3分前ですよ。
まり子：規則は規則よ。
伊　藤：分かりました。それじゃあ、あと3分間デスクにいます。
まり子：規則にこだわってごめんなさいね。でも秩序は保たないとね。
伊　藤：はい、杓子定規にすべてをやるようにしますよ。
まり子：みんなが規則を守れば、物事は円滑に進むからね。

解説

▶ **Did I do something wrong?** 何か間違っていますか？
　➡ 相手の気に障ったかな、と思ったときのひと言。

▶ **I'm sorry for being a stickler for the rules,** 規則に

こだわってごめんなさいね。

→ stickler は「(規則などに) こだわる人、うるさい人」という意味です。

▶ **by the book**　規則通りに

Case 2

Tanaka : I'm taking off. See you tomorrow.
Mariko : Okay, have a good evening.
Ito　　 : But it's only 5:48.
Tanaka : Yeah, I know, but why are you telling me this?
Ito　　 : According to the rules, we can't leave until 6:00. That's what Mariko told me.
Tanaka : Um…yeah. Okay, okay. I'll stay in my office.
Mariko : Why did you say that? Now you put him in a bad mood. You should have kept your mouth closed.
Ito　　 : I know, but you told me that everyone has to obey the rules.
Mariko : That's true, but…
Ito　　 : The rules apply to everyone, don't they?
Mariko : Yes, but sometimes we can bend the rules.
Ito　　 : But you said the rules are the rules.
Mariko : Can't you read between the lines?!

対訳

社　長：これで失礼するよ。それじゃあ、明日。
まり子：分かりました。お気をつけて。
伊　藤：でも、まだ5時48分ですよ。
社　長：分かっているよ。どうしてそんなことを言うのかね？
伊　藤：規則では、6時前には退社できないはずですが。まり子部長がそう言ってました。
社　長：うむ、そうだね。分かった。じゃあ、オフィスにいるよ。
まり子：なぜあんなことを言ったの？　社長が気を悪くしたじゃない。黙っていた方がよかったわよ。
伊　藤：分かります。でも、あなたが僕に言ったんですよ、全員が規則に従わなければならないって。
まり子：そりゃあ、そうだけど……。
伊　藤：規則って全員に適応されるものですよね？
まり子：そうね。でも規則を曲げてよいときもあるわよね。
伊　藤：でも、規則は規則だって、あなたが言ったんですよ。
まり子：あなたって空気が読めないの？

解説

▶ **I'm taking off.** これで失礼するよ。
　→「出発します」が直訳。See you tomorrow. は「じゃあ、明日」ですが、「お疲れさま、お先に」のニュアンス。
▶ **According to the rules** 規則によれば
▶ **Why did you say that?** なぜあんなことを言ったの？
　→やや非難の意味合いを込めた表現になります。
▶ **put ... in a bad mood** ～の気持ちを不快にさせる
▶ **You should have kept your mouth closed.** 黙っていた方がよかったわよ。
　→「あなたの口を閉じておくべきだった」が直訳。〈should have + 過去分詞〉は「～するべきだった（が実際はそうしなかった）」と、「過去の事実」とは違ったことを述べます。
▶ **apply to** ～に適用させる、～に当てはまる
▶ **bend the rules** 規則を曲げる
▶ **read between the lines** 行間を読む、空気を読む

セインのビジネスひとくちメモ

　多くの日本人がアメリカのビジネス社会を厳しいものだと感じ、日本よりも簡単に解雇されると思っているようです。これはある意味で真実です。しかし、社員を解雇すれば、当然のように解雇された社員の多くが会社を訴えることになります。
　この状態をアメリカの会社はただ手をこまねいて見ているわけではありません。会社は多くの規則を設定し、その結果として社員が規則を破るという状況が生まれやすくなります。それは当然、記録として残され、蓄積され、社員を解雇したいときの証拠として使われることになります。
　やはりその辺り、アメリカ社会は甘くありません。

3

賛成のニュアンス、英語で伝えられますか?

　NK商社では事業の停滞のため、なかなか赤字から抜け出せません。社長以下、皆なんとか収益を上げるために腐心するのですが、名案が浮かびません。
　そこで、社長が奇策を繰り出します。それが良案であれば問題はありません。しかし……。
　ビジネスにおいては自分の意思表明が大切です。上手に「賛成」の気持ちを表せますか？　皆さんが知っているI agree with you.以外にも使い勝手のよいフレーズがあります。

Part 1

Tanaka : We've got to get out of the red. Does anyone have any ideas?

Mariko : How about this? We put up parking meters and charge customers for parking.

Tanaka : That's a great idea! We can make a lot of money from that.

Sally : But what about the customers? They're not going to put up with this.

Ito : They're going to think we're cheapskates.
Tanaka : We'll tell them the parking area belongs to someone else.
Mariko : I'm with you on that. They'll never know.
Tanaka : Okay, is everyone in agreement? Yes? Okay, it's decided.

対訳

社　長：我々は赤字から抜け出さなくてはならない。誰か、何かよいアイデアは？

まり子：こんなのはどうでしょうか？　パーキングメーターをつけて、駐車料金を顧客に請求するというのは。

社　長：そりゃあ、よい考えだ！　そこから多くのお金が得られるぞ。

サリー：でも、お客様はどうなります？　そんなことには耐えられないでしょう。

伊　藤：みんな、この会社のことをしみったれだと思いますよ。

社　長：顧客には、この駐車場は別の人の所有地だと言うよ。

まり子：それ、賛成です。彼らには分かりませんよ。

社　長：皆、賛成だね？　いいね？　じゃあ、決まりだ。

解説

▶ **We've got to get out of the red.**　我々は赤字から抜け出さなくてはならない。

　→ 've got to = have got to = have to：〜しなければならない。the red は「赤字」のことです。

▶ **Does anyone have any ideas?**　誰か、何かよいアイデアは？

　→ ideas は「考え、アイデア」のこと。この場合、単数形の idea にすると「理解」の意味になり、「理解している？　分かっている？」という、相手に対する非難に聞こえかねませんので、要注意です。

▶ **charge ... for**　…に〜の対価を請求する
▶ **put up with**　〜に耐える、〜を我慢する
▶ **cheapskate**　しみったれ、ケチ
▶ **I'm with you on that.**　それ、賛成です。

　→ I'm with you. は「私はあなたに同意する」を表し、会議などでも使い勝手のよい表現です。「きちんと聞いています、分かっています」と言う場合にも使われます。

▶ **in agreement**　意見が合って、賛成して

Part 2

Tanaka：What happened? Why did our sales drop?
Mariko：It's anyone's guess.

Sally	: One of our clients said he doesn't like paying for parking.
Tanaka	: Really? That was the reason?
Sally	: I saw this coming.
Tanaka	: Well, why didn't you speak up when I proposed the idea?
Sally	: It was just easier to agree.
Tanaka	: So you were going along to get along?
Sally	: If we disagree, you lose your cool.
Tanaka	: No, I DON'T. I never get angry!
Ito	: Oh, really?

対訳

社　長：何があったんだ。なぜ売上が落ちているんだ？

まり子：さあ、分かりません。

サリー：お客様のひとりが、駐車料金を払いたくないと言っていました。

社　長：本当なのか？　それが原因か？

サリー：やっぱりね。

社　長：じゃあ、なんで私が発案したときに反対しなかったんだ？

サリー：賛成する方が楽だったからです。

社　長：じゃあ、波風立てないために同意していただけなのか？

サリー：だって、もし私たちが反対したら、カッと
　　　　なるでしょう。
社　長：ない、絶対にない。腹を立てたりなんてし
　　　　ない！
伊　藤：えー、本当ですかあ？

解説

- **It's anyone's guess.**　さあ、分かりません。
  - ➡「それは誰もが推測すること」、すなわち「誰にも分からない」。
- **I saw this coming.**　やっぱりね。
  - ➡ 直訳すれば「これがやって来ることは見えていました」。すなわち「やっぱり、そうなると思っていた」の意味になります。
- **speak up**　はっきり話す、自由に主張をする
- **go along to get along**　波風立てないために同意する、仲良くするために賛成する
  - ➡ go along：賛成する。get along：仲良くする。
- **lose one's cool**　冷静さを失う、カッとなる

セインのビジネスひとくちメモ

　皆さんのご想像通り、アメリカには新入社員が合宿して、スキルや専門知識の他に精神論を叩きこまれるというイメージはまるでありません。

　アメリカにはインターンシップ制度があり、多くの学生は実社会に出る前にインターンとして実際に仕事を経験していきます。まさにOJT = on-the-job training（実地訓練、研修）になります。

　またアメリカにはmentor system（メンター制度）が根付いており、ひとりの新人に対して、1対1の指導をするメンター「指導者、先輩」が付きます。この制度であれば、わざわざグループ研修をする必要もなく、個人のスキルや要望に即した訓練を行っていくことができます。

　アメリカにおける「メンター制度」は古いのですが、最近では、このシステムを採り入れている日本企業も増えています。

4

プレゼンでの緊張、英語でうまく伝えられますか？

　NK商社では新人の伊藤君がクライアントに対してプレゼンを行いました。ドキドキ、バクバク、緊張の極致だったそうです。あなたは緊張状態であることを上手に英語で表せますか？

　伊藤君、いよいよクライアントと契約の協議に入ります。プレゼンの効果はいかに？　彼の緊張の時間は報われるのでしょうか。

Part 1

Sally : Wow, that was a great presentation! I think you're ready for the big meeting.

Ito : Are you serious? I don't feel ready at all. I have butterflies in my stomach.

Sally : Well, if you have stage fright, you don't look like it.

Ito : I don't think I'm cut out for this kind of work.

Sally : You're your own worst judge.

Ito : Well, I hope you're right.

Sally : Okay, M&G's people are in the meeting

room, so get in there and do your best.

Ito : Okay, but if they don't sign the contract, I'll probably get fired.

Sally : You're not going to blow it, so stop worrying. I have to go home now, so tell me how you did tomorrow.

対訳

サリー：わあ、とても立派なプレゼンだったわね。こんな大きな会議によく備えていると思うわ。

伊　藤：本当ですか？　きちんと心構えができているとは思えませんよ。もう心臓がバクバクです。

サリー：もし、あがっているとしても、そんな風には見えないわよ。

伊　藤：僕は、この種の仕事には向いていないように思いますけど。

サリー：自分をきちんと判断できていないわね。

伊　藤：えー、そうでしょうか。

サリー：さあ、M&G社の人たちが会議室にいるわ。とにかくそこへ行って最善を尽くしなさい。

伊　藤：分かりました。でも彼らが契約書にサインしなければ、僕は多分解雇されちゃいます。

サリー：あなたは失態を演じることはないから、心配しないで。今日はこのまま帰るけど、明日、どうだったか話してね。

解説

▶ **I have butterflies in my stomach.**　もう心臓がバクバクです。
　➡「胃の中に蝶々がいる」が直訳。大きなことを目の前にして、「気持ちがザワザワして落ち着かない、緊張する」の意味。

▶ **have stage fright**　あがる
　➡もともと舞台から来た言葉です。

▶ **You don't look like it.**　そんな風には見えないわよ。

▶ **be cut out for**　〜に向いている、〜の素質がある

▶ **You're your own worst judge.**　きちんと判断できていないわね。
　➡「あなたはあなた自身の最悪の裁判官である」が直訳。すなわち「自分のことを誤って判断している」という意味。

▶ **I'll probably get fired.**　僕は多分解雇されちゃいます。
　➡probablyは「多分」の確率でも高く、だいたい70パーセントから80パーセントと考えられます。get firedは「解雇される」。

Part 2

Ito : Good morning. I really messed up yesterday. I was so uptight that the client thought I was lying. Do you think I'm going to get fired?

Sally : Are you kidding?! Didn't you hear the news?

Ito : What? I haven't heard anything. But M&G got mad and stormed out of the meeting.

Sally : This morning on the news, it was announced that M&G is going to go belly up.

Ito : You got to be kidding! Do you think it was my fault?

Sally : No, of course not, but if they had signed that contract, we would be in a big legal mess.

Ito : Huh? So that means that by messing up, I did a good job?

Sally : I guess so. But next time, you might not be so lucky, so you'd better brush up your presentation skills.

対訳

伊藤：おはようございます。昨日はヘマをやらかしてしまいました。もうひどく緊張しちゃって、クライアントは僕がうそを言っていると思ったんです。首になるんでしょうか。

サリー：ご冗談でしょう。ニュースは聞いてないの？
伊　藤：何をですか？　何も聞いていません。M&G社は怒り狂って、会議室から飛び出していきましたよ。
サリー：今朝のニュースでね、M&G社が倒産するって発表されたのよ。
伊　藤：何かの冗談ですか？　僕のせいだと思いますか？
サリー：もちろん違うわよ。でも、もし彼らが契約書にサインしていたら、わが社も法律上面倒なことになるところだったのよ。
伊　藤：えー？　それじゃ、僕がヘマをしたおかげで、うまく行ったっていう意味ですか？
サリー：そうかもね。でも、次はそんなに幸運ではないかもね。だからプレゼンのスキルを磨いておきなさい。

解説

- **mess up**　ヘマをする、失敗をする
- **uptight**　緊張して、神経質な
- **get mad**　怒り狂う
- **storm out of**　～から飛び出していく
- **go belly up**　倒産する

- ➡「(死んだ魚が) 腹を上にする」ことから「倒産する」の意味。

▶ **if they had signed that contract, we would be in a big legal mess.** もし彼らが契約書にサインしていたら、わが社も法律上面倒なことになるところだったのよ。

- ➡ if they had signed that contract は、過去のある時点で契約書にサインしていたら、という意味で、実際にはサインしていないことを表しています。legal mess は「法的に困った立場」。

▶ **you'd better brush up your presentation skills.** プレゼンのスキルを磨いておきなさい。

- ➡「あなたはプレゼンのスキルを磨いておいた方がよい」が直訳。You had better は「〜した方がいい、さもないと……」のようなやや脅迫めいた強いニュアンスがありますが、短縮形のYou'd better にすることでずっとソフトになります。Probably などをつければ更に安心です。

セインのビジネスひとくちメモ

　アメリカでは、経営者サイドと従業員の関係は、日本に比べて総じて厳しく、またはっきりしています。もし従業員が何か会社の利益になることをすれば報酬は大きく、その結果大幅な昇給につながったり、マネージャーへの道が開かれることにもなります。すなわち、成功への道筋が見えてくるわけです。しかし、人間、成功するばかりではありません。失敗したときには、日本とはまた違った展開になるわけです。

　よいこともあれば、悪いこともあります。もし従業員が失敗をしでかしたり、業務成績が不振であれば、彼らには手が差し伸べられることもありません。それどころか、退職を余儀なくされることもあります。これは合法的であり、また習慣的に行われており、従業員もある意味心得ているため、たとえ解雇されても日本人ほどの大きなショックを受けることはありません。

5

部下とのコミュニケーション、英語でとるには？

　ビジネスの社会は厳しいもの。お得意様との交渉、ライバル会社とのせめぎ合い、そして社内では神経をすり減らし……、本当にお疲れさまの毎日です。

　さて、そんなとき、日本の社会ならストレス解消のために、同僚を誘って「ちょっと1杯」はよくある風景です。How about a drink after work?（帰りに1杯どう？）はおなじみの誘い文句ですが、実はアメリカではそうはいきません。その理由は一体どんなところにあるのでしょうか？

Part 1

Sally : You look down in the dumps. Is everything okay?

Ito　: Well, not really. I'm thinking about quitting.

Sally : Oh, I see. Do you want to talk about it?

Ito　: Tanaka-san is always on my case.

Sally : That's because he has high expectations for you.

Ito　: Are you sure? I think he thinks I'm a lost cause.

Sally : Don't be so hard on yourself. I overheard him telling Mariko that he's impressed by how hard you're trying.

Ito : Are you sure? Well, I guess I'll wait to throw in the towel.

対訳

サリー：落ち込んでいるように見えるけど。大丈夫？

伊　藤：えーと、それほどでは。辞めようかなって考えているんです。

サリー：あら、そうなの。何か話してみる？

伊　藤：社長に怒られてばかりなんです。

サリー：あなたに対する期待が高いからでしょ。

伊　藤：本当ですか？　僕のこと、見込みがないと思っているんだと思っていました。

サリー：そんなに自分に厳しくしないの。社長がまり子部長に、あなたが一生懸命やっていることに感心していると言ったって、小耳にはさんだわよ。

伊　藤：本当に？　それなら、諦めるのはもう少し待とうかな。

解説

▶ **You look down in the dumps.**　落ち込んでいるよう

に見えるけど。
- ➡down in the dumps：しょんぼりした、意気消沈した
- ▶ **I'm thinking about quitting.** 辞めようかなって考えているんです。
  - ➡think about：〜についてじっくり考える、熟考する。「思いをめぐらす」のニュアンスになります。
- ▶ **be always on one's case** 〜をいつも批判する
- ▶ **have high expectations for** 〜に高い期待を寄せる
- ▶ **a lost cause**：どうしようもない奴、見込みのないもの
- ▶ **be hard on** 〜につらくあたる、〜を責める
- ▶ **Mariko** まり子部長
  - ➡英語圏では、日本のように上司や同僚を「役職名」で呼ぶことはありません。
- ▶ **overhear** 小耳にはさむ、伝え聞く
- ▶ **throw in the towel** 降参する
  - ➡ボクシングの試合で「タオルを投げ入れる」、すなわち「諦める、白旗を上げる」の意味。

Part 2

Mariko：Oh, no! How could I be so stupid?!
Sally ：Calm down. I'm sure it's not the end of the world.
Mariko：I sent next year's budget to Ito-kun by

	mistake!
Sally	: What's so bad about that?
Mariko	: He's going to think he's getting a pay raise.
Sally	: But that's four months away, and it depends on his sales.
Mariko	: Well, it'll be interesting to see how he reacts.
Sally	: Thinking his salary is going to increase might motivate him.
Mariko	: That's true. But it might give him a big head and have the opposite effect.
Sally	: I guess we'll see what he's made of.

対訳

まり子：あら、やだ！ 私ってなんてバカなんでしょう！

サリー：落ち着いてください。この世の終わりってわけじゃないんですから。

まり子：間違って伊藤君に来年の予算を送っちゃった。

サリー：それのどこがそんなに悪いことなんですか？

まり子：伊藤君、昇給があるって思っちゃうでしょう。

サリー：でも、4カ月先のことですよ。それに、彼の売上にもよりますし。

まり子：そうね、どういう反応を示すか見てみるの

　　　　　も面白いでしょうね。
サリー：給料が上がるって考えれば、彼のやる気に
　　　　なるかもしれませんね。
まり子：それはあるわね。でも、のぼせ上がっちゃ
　　　　って、逆効果になるかも。
サリー：彼がどんな人物か見てみましょう。

解説

- **How could I be so stupid?!** 私ってなんてバカなんでしょう！
  - ➡「なぜこんなことがありえるの？」というニュアンス。
- **it's not the end of the world** この世の終わりってわけじゃない
  - ➡すなわち「それほど重大なことではない」。何か失敗したり落ち込んだりした友人や同僚を慰め、元気づけるのに使える表現。
- **by mistake** 間違って、誤って
- **get a pay raise** 昇給する、給料を上げてもらう
- **it depends on his sales.** 彼の売上にもよりますし。
  - ➡ depend on：〜次第である。
- **Thinking his salary is going to increase might motivate him.** 給料が上がるって考えれば、彼のやる気になるかもしれませんね。

→ Thinking his salary is going to increase（昇給すると考えること）までが主語です。
- **give one a big head**　うぬぼれさせる
- **have the opposite effect**　逆効果になる

セインのビジネスひとくちメモ

　上司、同僚、部下とのつき合い方は、アメリカと日本では大きく違います。アメリカでは、たとえ社内でも「〜部長」とか「〜課長」などと役職で呼ぶことはありませんし、名字で呼ぶこともあまりありません。相手が上司であろうと社長であろうと、ファーストネームで呼ぶのがアメリカ流です。だからと言って、日本社会のように「やあやあ」とばかりに、飲みに行ったり過度に親しくすることはまれです。

　実はアメリカなどの会社では、勤務時間外に従業員同士が飲みに行くことを禁止しているところが多くあります。たとえば上司と部下が飲みに行った場合、のちの勤務評価が冷静になされるのか、客観的な判断が下せるのかなどが問題になります。特に上司が異性の部下を誘うことについては、歓迎されないどころか、よくないと考えられています。

　飲みに行かずとも、職場でのオープンで率直なコミュニケーションが理想と考えられています。もちろん、それですべてうまくいくとは限りません。やはり残念ですが、ここでも理想と現実のギャップがあるにはあるのです。

第2章
英語で言えますか?〈中編〉

1

英語で悪い知らせを伝えるとき 受け止めるとき

　NK商社、在庫品を抱え込むなど最近はよい話もそれほど聞きません。ある日、まり子部長は田中社長をはじめスタッフを集めて、現在会社が置かれている厳しい現状を周知徹底し、皆の奮起を促そうとします。しかし、驚くのは社長ばかりで、スタッフはそれほど深刻に受け止めないどころか、ジョークまで言い始めます。まり子部長までが、社長の心臓をドキドキさせます。

　あなたはジョークの功罪、考えたことありますか？

Part 1

Tanaka：What is it?

Mariko：I'm afraid I have some bad news. You'd better sit down.

Tanaka：Good grief. What now?

Mariko：The copy machine isn't working.

Tanaka：Well, that's not so bad. We can just use the convenience store.

Mariko：There's something else. It looks like our sales will drop by about 30 percent or more this

month.
Tanaka: What?! That's terrible! Why didn't you tell me that first?
Mariko: I wanted to give you the bad news slowly.
Tanaka: Well, thanks, I guess.
Mariko: There's one more thing.
Tanaka: Oh, no! What's next?! We're losing our best client?! The factory burned down?! We're being sued?!
Mariko: No, I have a dentist appointment tomorrow morning, so I'll be a little late.
Tanaka: Are you trying to give me a heart attack?

対訳

社　長：なんだね。
まり子：残念な知らせがあります。お座りになった方がよいかと。
社　長：困ったな。今度は何かな？
まり子：コピー機が作動していません。
社　長：そうか、それほど悪いニュースでもないな。コンビニを使えばいい。
まり子：ほかにもあります。今月、売上が30パーセント、いえそれ以上落ち込みそうなんです。
社　長：なんだって？　それはひどい！　なぜそれ

　　　　　を先に言わないんだ？
まり子：悪い話はゆっくりお知らせしたかったもので。
社　長：そうか、ありがとう、とでも言うべきかな。
まり子：もうひとつあるんです。
社　長：なんてことだ！　最悪だ！　得意先を失うのか？　工場が焼けたのか？　会社が訴えられているのか？
まり子：明日の朝、歯医者の予約があるので、少し遅れます。
社　長：君は私に心臓発作を起こさせようとしているのかね？

解説

▶ **Good grief.**　困ったな。
➡「やれやれ」と、驚きや呆れた気持ちを表すときのひと言です。

▶ **What now?**　今度は何かな？
➡うんざりした気持ちを表します。

▶ **What's next?**　最悪だ！
➡直訳は「次は何だ？」。次々と災難に見舞われたとき、「一体全体、次には何が起こるのだろうか」という気持ちを表します。「もういやだ」という思いを伝えます。

▶ **We're being sued?!**　会社が訴えられているのか？
　➡〈be being + 過去分詞〉は「進行形の受動態」。
▶ **a heart attack**　心臓発作、心臓麻痺

Part 2

Tanaka : I need everyone's attention. I'm afraid I have some bad news.
Ito　　 : Oh, no. I hope we're not going bankrupt.
Tanaka : I'm afraid our sales are dropping fast.
Sally　 : How fast?
Tanaka : Well, I hate to say this, but it looks like we're down by double digits.
Sally　 : Just give it to us straight.
Tanaka : Well, I'm afraid it's bad. We're down by around 30 percent.
Sally　 : Wow, that IS bad news.
Ito　　 : What are we going to do about it?
Mariko : We're thinking about hiring a consultant.
Sally　 : A consultant?! I hope he's cute.
Mariko : He might be a she.
Sally　 : That would be bad news for me.
Ito　　 : But it might be good news for me!
Tanaka : Hey! This is a serious situation. Stop joking around.

対訳

社　長：皆、注目してほしい。残念なお知らせがある。

伊　藤：えー、まさか倒産って話じゃないですよね。

社　長：残念だが、わが社の売上は急速に下がっている。

サリー：どの程度ですか？

社　長：なんというか、言いにくいことだが、どうも2ケタほど落ち込んでいるようなんだ。

サリー：ずばり言ってください。

社　長：その、悪いんだ。30パーセントほど落ち込んでいる。

サリー：なんてこと、それは最悪ですね。

伊　藤：これについて、わが社は何をするのでしょうか？

まり子：コンサルタントを雇おうと考えているの。

サリー：コンサルタント？　彼が素敵だといいな。

まり子：彼ではなく、彼女かもしれないけど。

サリー：私にとっては悪い知らせになりそう。

伊　藤：でも、僕にはよい知らせだな！

社　長：おいおい！　これは深刻な事態なんだ。冗談はよしてくれ。

解説

▶ **I hope we're not going bankrupt.** まさか倒産って話じゃないですよね。
　→「わが社が倒産しないことを望む」が直訳。go bankrupt は「破産する、倒産する」。

▶ **I hate to say this** 言いにくいことだが
　→言いづらいことを言わなければならない場面での定番表現です。ビジネスシーン、日常会話でも使い勝手のよいひと言です。

▶ **by double digits** 2ケタ（の数字）で

▶ **Just give it to us straight.** ずばり言ってください。
　→「（悪い知らせを）ありのまま率直に話してください」の意味になります。

▶ **We're down by around 30 percent.** 30パーセントほど落ち込んでいる。
　→ we're down は「わが社は（売上が）下がっている」の意味。この場合の down は「下がって」を表す副詞です。

▶ **Wow, that IS bad news.** なんてこと、それは最悪ですね。
　→ is を強く言って、それが悪い知らせであることを強調しています。すなわち「最悪だ」の意味。

▶ **He might be a she.** 彼ではなく、彼女かもしれないけど。

→ 直前にSallyが言ったI hope he's cute.を受けたHeであり、sheは「女性」を意味しています。
- **joke around** 冗談を言う、からかう

セインのビジネスひとくちメモ

　ジョークは、その社会の文化的背景や歴史を色濃く反映しています。そのため、その文化になじみのない人には分からないものもあり、皆が笑っているのに自分だけが笑えなかったり、意味は分かるが「何がおかしいの？」と首を傾げてしまうことが多々あります。

　また、ジョークそのものに対しての考え方も日本とアメリカでは違います。社長が深刻な話をしている場面で、上の会話のようにジョークを言うなど日本では言語道断、ちょっと考えられないでしょう。しかし、アメリカでは深刻であればあるほどジョークを言うことがあります。日本人には解せない話でしょうが、硬直化したり深刻になったりした場をジョークが和らげ、変化した雰囲気の中で皆が話をしやすくなって、よい結論を導くことが実際にあります。ジョークひとつでもこれだけの差があることは、なかなか興味深いところです。

　また、コンサルタントという専門職を「男性」と勝手に決めつける場面がありますが、やはりアメリカでも今なお、専門職＝男性と考える傾向はあるようです。

2

相手の気持ちを汲んだ発言、英語でできますか?

　うまくいっているように見えた社長と社員たち。実はお互いに不満を持っていました。

　間に入ったのがNK商社お抱えになったコンサルタント、リチャードです。社長の愚痴を聞き、社員の言い分を聞く。そして然るべき解決法を探す。ここがコンサルタントの腕の見せどころのはずですが……。

　相手の気持ちを十分に汲んだ発言、あなたはできますか?

Part1

Richard : Thanks for hiring me as your consultant. I'm sure that in the next two months, we can turn this company around.

Tanaka : Of course. We're in serious trouble, and I need your help.

Richard : So, what do you think is the biggest problem in your company?

Tanaka : Well, my employees never listen to me.

Richard : Oh, dear. You have my sympathies.

Tanaka : I feel like they just ignore me.

Richard : I feel for you. You have a difficult job.

Tanaka : Yeah, my staff is always ignoring me.

Richard : You feel like you're not getting any respect?

Tanaka : Yeah, exactly. What am I doing wrong?

Richard : You're not the problem. It sounds like your staff is the problem.

Tanaka : You're right! Wow, you're the best consultant ever!

Richard : It sounds to me like you're doing everything right.

対訳

リチャード：コンサルタントとして雇っていただき、ありがとうございます。2か月で私たちは必ず会社を好転させることができます。

社　長：もちろん。わが社には深刻な問題があってね、お力添えをいただきたい。

リチャード：それで、御社にとっては、何が一番大きな問題だとお思いですか？

社　長：社員が私の言うことに耳を傾けないのだよ。

リチャード：それは、それは。同情しますよ。

社　長：無視されているように感じていてね。

リチャード：お気持ちは分かります。苦労されているんですね。

社　　長：そう、スタッフは私を無視してばかりだ。
リチャード：敬われていないと感じているんですね？
社　　長：まったくその通り。何か間違いでもしているのかなあ？
リチャード：社長が問題ではないですよ。スタッフに問題があるようですね。
社　　長：まさしくそうなんだ！　わあ、今までで一番のコンサルタントだね、君は！
リチャード：社長は間違ったことは何もなさっていないみたいですね。

解説

▶ **You have my sympathies.**　同情しますよ。
  ➡ これは「お悔やみ申し上げます」としても使えるフレーズ。「お気持ちお察しします」の意味。

▶ **I feel for you.**　お気持ちは分かります。
  ➡ 相手に共感を示すフレーズです。

▶ **You have a difficult job.**　苦労されているんですね。
  ➡ job は「困難なこと」の意味。

▶ **You feel like you're not getting any respect?**　敬われていないと感じているんですね？
  ➡ 疑問文にしなくても、語尾を上げることで相手への問いかけになります。

▶ **It sounds to me like you're doing everything right.**

社長は間違ったことは何もなさっていないみたいですね。

➡「私にはあなたが正しいことをすべてしているように思える」が直訳。すなわち「正しいことだけをなさっているようです」のニュアンス。sounds like は「〜みたいだ、〜のようだ」。

Part 2

Richard : I wanted to meet with everyone without Mr. Tanaka. So, what do you think is the biggest problem?

Sally : Well, if you ask me, Mr. Tanaka never listens to us.

Richard : Yeah, I think I know what you mean.

Mariko : We'll tell him about a problem, but he'll just ignore us.

Richard : Oh, I see. I feel for you.

Ito : I once made a really good suggestion, but he forgot about it the next day.

Richard : That must have been frustrating.

Sally : He thinks that he's the only one that has any ideas.

Richard : That's obviously not true. I can see you're underappreciated.

Mariko	: He doesn't think we have any skills. He doesn't trust us.
Richard	: I can see why you're frustrated.
Mariko	: So tell us, what are we doing wrong?
Richard	: I don't think you're doing anything wrong. The obvious problem is with Mr. Tanaka.
Sally	: Wow, you're amazing! You already understand the situation.
Ito	: We need someone with your skills to turn this company around.
Richard	: There's nothing to worry about. You can count on me.

対訳

リチャード	：田中社長抜きで皆さんとお会いしたかったんです。そこでですが、何が一番大きな問題だと思っていますか？
サリー	：言わせていただけるなら、社長は私たちの言うことを決して聞いてくださらないんです。
リチャード	：ええ、おっしゃることは分かります。
まり子	：私たちが問題について話そうとしても、ただ無視するんです。
リチャード	：なるほど。お気持ちは分かります。
伊　藤	：私も前にいい提案をしたことがあったんで

　　　　　すけど、次の日にはもう忘れてしまってい
　　　　　て。
リチャード：それはさぞかしイライラしたでしょうね。
サリー：アイデアがあるのは自分だけ、と思っているんですよ。
リチャード：明らかに思い違いですね。皆さんは正当に評価されていないですよ。
まり子：私たちにスキルがあるなんて思っていないんです。信頼してないんですよ。
リチャード：皆さんがなぜフラストレーションを感じているのか分かりました。
まり子：じゃあ、教えてください。私たちは何か間違いをしているのでしょうか？
リチャード：皆さんは何も間違ったことはしていないと思いますよ。問題は明らかに社長側にあります。
サリー：わあ、すごい！　もう状況を理解してくださったんですね。
伊　藤：この会社を好転させるには、リチャードさんのようなスキルを持った人が必要です。
リチャード：心配することはありません。私に任せてください。

解説

- **if you ask me**　言わせていただけるなら
  - →「もしあなたが私に尋ねるのであれば」が直訳。すなわち「私に言わせてもらえれば」の意味で、自分の発言を始める前の表現。
- **I think I know what you mean.**　おっしゃることは分かります。
  - →「あなたの言いたいことは分かっていると思います」。共感を示すフレーズで、相手に安心感を与えます。
- **he forgot about it the next day.**　次の日にはもう忘れてしまっていて。
  - → the next day：翌日。過去や未来を起点とした次の日のことです。現在を起点とした「次の日」であればtomorrow（明日）になります。
- **That must have been frustrating.**　それはさぞかしイライラしたでしょうね。
  - →〈must have ＋過去分詞〉は「〜したに違いない」という過去の推量を表します。
- **You can count on me.**　私に任せてください。
  - → count on：〜を当てにする、〜に頼る。

セインのビジネスひとくちメモ

　職場でもプライベートでも、人は「理解されたい」と思うものです。「理解される」にもいろいろありますが、相手が感情的に不平や不満を持っている場合には、まずは話をよく聞いてあげて、理解を示しましょう。うなずきながら、Oh, I see. Oh, uh-huh. Oh, really? のような相づちを打つのも一つです。

　でも、もっと深い同情や共感を示すのであれば、あなたが相手の言葉や気持ちを十分理解していることを表すのが大切です。不平や不満を言う場合、人は解決策を模索するよりも、ただ聞いてほしいと感じているはずだからです。

　また、日本では職場に不満があるとき、同僚などに愚痴ってストレスを発散するのが常ですが、アメリカでは上司に直接言って何らかのアクションを取るように要求します。そのような相談を受けた場合でも、たとえ正しいにせよ、忠告を与えたりするよりは相手に同情したり共感を示して聞くことが重要でしょう。人とのコミュニケーションを大事にするのであれば、ぜひ同情や共感を示すフレーズを覚えておきたいものです。

3

待つ、待ってもらうとき便利な英語表現は？

　不振のNK商社にテコ入れすべく、田中社長が下した決断は「コンサルタント」の雇用でした。しかも外部コンサルタントではなく、常勤のコンサルタントです。社長のみならず、社員一同、期待値はどうしても上がらざるを得ませんでしたが、当のリチャードは、何やら言動の揺らぎがあったり、今の時点では信用に足る人物なのかどうか……。

　約束の時間になっても現れないリチャードをめぐって、「待つ」スタッフたちはいろいろ意見を述べています。

Part 1

Sally：Richard still isn't here? Everyone's waiting for him.

Ito　：I haven't seen him. Maybe he's on his way.

Sally：But he's already 15 minutes late.

Ito　：The least he could do is call and let us know when he's coming.

Sally：Yeah, right. Everyone's tired of waiting around for him.

Ito　：Maybe something happened to him.
Sally：I can't believe he would keep everyone waiting.
Ito　：I can. He's pretty loose with deadlines.
Sally：Yeah, you're right. But maybe he has some good advice for us.
Ito　：Let's hope so.

対訳

サリー：リチャードはまだ来ていないの？　みんな待っているのに。

伊　藤：まだ見かけていません。向かっている途中なのかも。

サリー：でも、もう15分も遅れているわよ。

伊　藤：少なくとも電話をかけて、いつ来るか知らせるぐらいは当たり前ですよね。

サリー：ええ、その通りね。みんな彼を待つのには飽き飽きしているわ。

伊　藤：たぶん何かあったんですよ。

サリー：みんなを待たせるなんて信じられないわ。

伊　藤：僕は信じられますよ。彼は締め切りにはとってもルーズなんです。

サリー：ええ、そうね。わが社のために何かいいアドバイスがあるかもね。

伊　藤：そう願いましょう。

解説

▶ **Maybe he's on his way.** 向かっている途中なのかも。
　→ be on one's way：(目的地への) 途中にいる。

▶ **The least he could do is ...** 少なくとも〜ぐらいは当たり前ですよね。
　→「最低でもそのくらいはできるはず」という意味合いです。least は「最も少ない」。

▶ **tired of ...ing** 〜することに飽き飽きして

▶ **wait around for** 〜をぶらぶらしながら待つ

▶ **loose with** 〜にだらしない

▶ **Let's hope so.** そう願いましょう。
　→ 強い願望というよりも、むしろ「無理かもしれないけど……」のニュアンスがあります。

Part 2

Mariko：Well...we've been waiting for Richard for 30 minutes.

Tanaka：Why don't you call him and see if he's coming?

Mariko：Hello, Richard. This is Mariko. Weren't you supposed to be here at 10:00 today?

Richard：Yeah, I'm on the road now.

Mariko：Okay, please hurry. We can't wait much

longer.

...

Mariko: Richard, it's about time.
Richard: Well...um...I was busy.
Mariko: The least you could do is apologize!
Richard: Oh, yeah. Sorry for being late. My alarm clock didn't go off.
Tanaka: Okay, let's get started. We're looking forward to hearing your suggestions.
Richard: Suggestions?
Mariko: Yeah, we're expecting your first presentation today.
Richard: Oh, yeah.

対訳

まり子：さてと、もう30分もリチャードを待っています。
社　長：彼に電話をして、来るのかどうか確かめたらどうだろうか？
まり子：もしもし、リチャード。まり子ですけど、今日10時にここへ来ることになっていなかったかしら？
リチャード：はい、今そちらへ向かっています。
まり子：それでは、急いでね。もうこれ以上待てませんから。

> ……
> まり子：リチャード、そろそろ時間よ。
> リチャード：その、あの、忙しかったので。
> まり子：まず謝るのが先よね。
> リチャード：ああ、そうでした。遅れて来てすみませんでした。目覚ましが鳴らなかったんです。
> 社　長：分かった。それでは始めよう。我々は皆、君の提案を聞くのを楽しみにしているんだ。
> リチャード：提案？
> まり子：そうよ。今日、あなたの初めてのプレゼンを待っているところよ。
> リチャード：ああ、そうでしたね。

解説

▶ **Why don't you ...?**　なぜ～しないのか
　➡「～したらどうだろうか」という提案になります。
▶ **see if**　～かどうか確かめる
▶ **be supposed to**　～することになっている／～するはずである
▶ **it's about time.**　そろそろ時間よ。
　➡「本来なら、もっと早くしているはずだ」という気持ちが込められています。
▶ **My alarm clock didn't go off.**　目覚ましが鳴らなかったんです。

▶ go off：（警報などが）鳴り出す。
▶ **we're expecting your first presentation today.** 今日、あなたの初めてのプレゼンを待っているところよ。
  ➡ be expecting は「期待する」よりも、むしろ「待っている」の意味。

セインのビジネスひとくちメモ

　日本の公共交通の時間の正確さは、訪日外国人にとって驚きの一つです。もちろんそれは「うれしい驚き」にほかなりませんが、この交通システムが規則正しく運営されているのは、技術の問題だけではなく、日本人が持つ「時間」に対する概念によるものでしょう。日本人は約束の時間についても厳格punctualです。しかし、他国の文化は必ずしもそうであるとは限りません。ビジネスをする上でそこを理解しておく必要もあります。

　しかし、そんな日本人であっても、自分ではどうすることもできない事情によって遅刻してしまうこともあります。The least you can do is apologize.（まずはせめて謝りましょう）

　もちろん遅刻にはいろいろな理由があります。自分のミスであったり、不可抗力であったり。理由を言うか言わないかは判断の分かれるところですが、それほど正当な理由でなければ特に言う必要はないかもしれません。

　最悪なのは「嘘」がバレることです。相手の信用を失うという大きなしっぺ返しが待っています。

4

なかなか腰を上げない人を急がせる英語は？

　NK商社に雇われたフルタイム・コンサルタントのリチャードは大きな成果をあげて、会社の信頼を勝ち得るはずでしたが、どうやら実際はその逆を行っているようです。時間を守らない。それよりも何よりも、努力している様子が見えません。プレゼンを行うにあたっても、どうも逃げの姿勢が見えています。

　ここはなんとか急がせて、プレゼンをさせなければならないのですが……。なかなか腰を上げない人を急がせることはできますか？

Part 1

Richard : Okay, I'd like to start now.

Tanaka : Please go ahead. We don't have much time.

Richard : What time do we need to finish up?

Tanaka : I have another appointment at 11:30.

Richard : I'm not sure that will be enough time.

Tanaka : Well, you'll just have to hustle.

Richard : I'm afraid I don't work well under pressure.

Tanaka : Do you want to reschedule this meeting?

Richard : Yeah, that would be great.
Mariko : Give me a break.

対訳

リチャード：分かりました。では始めます。
社　長：さあ、進めてくれ。皆それほど時間がないんだ。
リチャード：何時に終わる必要がありますか？
社　長：11時30分に別の約束があるのだが。
リチャード：それでは時間が足りるか分かりません。
社　長：とにかく急ぐことだ。
リチャード：プレッシャーがあるとよい仕事はできないと思います。
社　長：このミーティングの日程を変更したいのかね？
リチャード：ええ、それなら助かります。
まり子：勘弁してくださいよ。

解説

▶ **Please go ahead.**　さあ、進めてくれ。

→ Go ahead. は様々な場面で使えます。上司が部下に「さあ、やってみなさい」と言う場合。お互いに発言がかぶってしまった場合に「あっ、どうぞ（お先に）」の意味でも使えます。また、支度に手間取ってなかなか出発できない場面で、一緒に出かける相

手に「先に行ってて」も Go ahead. で表せます。
- **finish up**　終わりにする
  - → up には「完全に」の意味があるので finish よりも「すべてを終える」の意味合いが強くなります。
- **You'll just have to ...**　とにかく～するしかない
- **under pressure**　切迫した状況下で
- **reschedule**　予定を変更する
  - → 日本語でも「リスケ」のようにビジネス現場ではよく使われる語です。
- **Give me a break.**　勘弁してくださいよ。
  - →「私に休みをちょうだい」が直訳。「ちょっと待って、いいかげんにしてよ」の意味。

Part 2

Mariko：Richard, that was a disaster this morning.

Richard：I know, but I really need more time.

Mariko：But you started two weeks ago! You've got to get the lead out.

Richard：Well, haste makes waste.

Mariko：Everyone is trying to be patient, but we don't have much time to turn things around.

Richard：Don't be a worrywart.

Mariko：Okay, but you really need to stay on schedule. The clock is ticking.

Richard : By the way, can we continue this conversation later? My lunch break starts now.

Mariko : Okay, but we're really counting on you to turn this company around.

Richard : Sorry, but my favorite restaurant near here gets crowded. I've gotta go.

Mariko : Good grief.

対訳

まり子：リチャード、今朝は大失敗ね。

リチャード：分かっていますが、もっと時間が必要なんです。

まり子：でも、もう2週間前に働き始めているのよ。そろそろ急がないと。

リチャード：ええと、急いては事を仕損じる、ですよ。

まり子：皆、辛抱しているのよ。でも、会社を改善するための時間はあまりないわ。

リチャード：そんなに心配しないでくださいよ。

まり子：分かったわ。だけどスケジュール通りにすることが必要なの。時間はどんどん過ぎているのよ。

リチャード：ところで、この会話は後で続けられますか？　僕の昼休みが始まるんです。

まり子：いいわ。けれども私たちはあなたが会社を

改善してくれることを本当に当てにしているのよ。

リチャード：すみませんが、気に入っている近くのレストランはすぐに混んでしまいます。もう行かなくっちゃ。

まり子：やれやれ。

解説

▶ **that was a disaster this morning.** 今朝は大失敗ね。
　→ disaster：惨事、災害。

▶ **You've got to get the lead out.** そろそろ急がないと。
　→ get the lead out：仕事をどんどん進める

▶ **haste makes waste.** 急いては事を仕損じる
　→「慌てることは無駄を作り出す」が直訳。つまり「急いては事を仕損じる」「急がば回れ」ということです。

▶ **stay on schedule** 予定通りでいる

▶ **The clock is ticking.** 時間はどんどん過ぎているのよ。
　→ tick：カチカチと時を刻む

セインのビジネスひとくちメモ

　アメリカでは、管理職は日本人と同じくらい、いや、むしろもっと長く働く傾向にあります。しかし、一般職員は時間通りに働くのが普通です。会社側としては、彼らが残業などせずに時間通りに働いてくれることを望んでいます。手当なしの残業を強いたとなれば、行きつく先は訴訟社会ならではの結果になります。だからこそ、会社は決められた時間内に効率よく働き、仕事を終えてもらうように促すことになります。

　働く人は時間を意識しておく必要があります。NK商社のコンサルタント、リチャードのように時間にルーズで効率を上げられず、仕事の成果も得られない人間を置いておくほど、アメリカ社会は寛容ではありません。そのような勤務態度を続ければ、いずれ悪い評判がついて回ることになります。

5
見え透いた言い訳に英語で対応するには？

　NK商社のお抱えコンサルタント、リチャードの怪しさについては、どんどん噂が広まってきています。ついに、まり子部長や田中社長の知れるところとなり、いよいよ事態は大きく動きそうな予感。

　リチャードの言い訳に対応する部長と社長。その場しのぎの言い逃れもそろそろ種が尽きそうです。

　あなたは見え透いた言い訳 flimsy excuses に対応することができますか？

Case 1

Mariko : Richard, we need to talk. You can't put off your report any longer.

Richard : I know, but the problems here are much more complicated than I thought.

Mariko : At the risk of being rude, that sounds like an excuse. You're a professional consultant, and you need to start acting like one.

Richard : No, I'm not making excuses.

Mariko : You've got to come clean. If you're not up to

the job, just say it.
Richard：Well, the company hasn't been that cooperative.
Mariko：Now, that's not true at all. You can't blame anyone but yourself.
Richard：I know, but...but...but...
Mariko：Let me give you some advice. Ready or not, just give us what you have tomorrow.
Richard：Well, I'm pretty busy tomorrow.
Mariko：That's just another excuse.

対訳

まり子：リチャード、ちょっと話をしましょう。報告書はこれ以上延ばせないわよ。
リチャード：分かっています。でもここでの問題は、思っていた以上に複雑すぎて。
まり子：失礼を覚悟で言わせてもらうけど、それは単なる言い訳にしか聞こえないわ。あなたはプロのコンサルタントでしょ。いいかげん、それらしく振る舞わないと。
リチャード：いえ、言い訳をしているのではありません。
まり子：正直にならなくっちゃね。もしこの仕事が無理なら、そう言ってちょうだい。
リチャード：その、会社がそれほど協力的ではなくて。
まり子：それは全く違うわ。責めるべきは自分よ、

ほかの誰でもなくてね。
リチャード：分かっています、でも、でも……。
まり子：少しアドバイスしておくわね。準備できていようといまいと、明日あるものを出してちょうだい。
リチャード：ええと、明日はとっても忙しくて。
まり子：また言い訳ね。

解説

▶ **put off**　先延ばしにする
　➡ Don't put off till tomorrow what you can do today.（今日できることを明日に延ばすな）という格言があります。

▶ **At the risk of being rude**　失礼を覚悟で言わせてもらうけど
　➡ at the risk of：〜を覚悟で、〜を承知のうえで。

▶ **You've got to come clean.**　正直にならなくっちゃね。
　➡ come clean：白状する、本当のことを話す。

▶ **If you're not up to the job**　もしこの仕事が無理なら
　➡ **be up to**：（仕事に）耐えられる。

▶ **You can't blame anyone but yourself.**　責めるべきは自分よ、ほかの誰でもなくてね。
　➡ 自分以外の誰も責めることはできない、ということです。

Case 2

Tanaka : Richard, do you have a minute?

Richard : Sorry, I'm on my way out. Can we talk later?

Tanaka : No, we can't. I don't want any more ifs, ands or buts. Just tell me what's going on.

Richard : I need more time to investigate the situation here.

Tanaka : That's a pathetic excuse. You've had lots of time.

Richard : Don't get me wrong. I'm not making excuses. I…

Tanaka : I've had it up to here with your excuses. You need to take responsibility.

Richard : Give me a break! I've been doing the best I can.

Tanaka : You've been busy making excuses. I'm at the end of my patience.

Richard : Okay, I'll give you my report tomorrow.

Tanaka : Good. Don't let me down again. This is your last chance.

対訳

社　長：リチャード、ちょっといいかね？

リチャード：すみません、今出るところなんです。後で

　　　　　お話しできませんか？
社　　長：いや、無理だ。「もし」も「そして」も「しかし」も、もういらない。今どうなっているかだけを話してくれたまえ。
リチャード：ここでの状況を調査するにはもっと時間が必要なんです。
社　　長：下手な言い訳だな。君は多くの時間を使ったぞ。
リチャード：悪く取らないでください。言い訳をしているんではないんです。私は……。
社　　長：もう君の言い訳にはうんざりだ。君には責任を取る必要がある。
リチャード：ちょっと待ってくださいよ。私はベストを尽くしています。
社　　長：君は言い訳ばかりだね。堪忍袋の緒が切れそうだ。
リチャード：分かりました。明日報告書を出します。
社　　長：よろしい。二度とがっかりさせないでくれよ。これは君のラストチャンスだ。

解説

▶ **I'm on my way out.**　今出るところなんです。
　➡ on one's way out：出かける途中で。
▶ **I don't want any more ifs, ands or buts.**　「もし」も

「そして」も「しかし」も、もういらない。

→ if, and, but は言い訳をする場面で使われる接続詞です。どれも s がついていることに注目しましょう。ここでは複数形の名詞扱いとなっています。

▶ **That's a pathetic excuse.** 下手な言い訳だな。

→ pathetic：(哀れなほど) 下手な。

▶ **I've had it up to here with your excuses.** もう君の言い訳にはうんざりだ。

→ have had it up to here with は「〜にはもう我慢ならない」という意味のイディオムです。

▶ **I'm at the end of my patience.** 堪忍袋の緒が切れそうだ。

→「私は我慢の限界に来ている」の意味になります。

▶ **Don't let me down again.** 二度とがっかりさせないでくれよ。

→ let down：〜をがっかりさせる、〜を失望させる。

セインのビジネスひとくちメモ

自分が思っていた通りに事が運ばないと、なぜそうなったのかを説明したくなるのは人間としてごく自然なことです。しかし理由の説明に終始すると、言い訳と受け取られかねません。それを「嘘」と感じる人もいます。そうなれば、弁明をしている人に対する評価は「弱い人」です。

たとえば遅刻したことを謝罪し、弁解を一切しなければ、それは逆に、その人の強さを感じさせることになります。もし理由の説明を始めれば、何か薄っぺらい言い訳と取られることにもなりかねません。日本では、言い訳をすること、たとえ嘘であっても謝罪とともに釈明することがベストと思われているようです。しかし、それはアメリカではベストとは言えません。

だからといって、アメリカであっても、人に迷惑をかけながら謝罪さえできないのであれば、他人の好意や信頼を勝ち取ることができないのは言うまでもありません。

6

英語でビジネス上の誤解を解くには？

　業績不振に苦しむNK商社は何とか打開を図ろうとしています。そこで田中社長が雇ったのがフルタイムのコンサルタント、リチャードです。何から何まで期待に沿えないリチャードは、今や会社全体から疑いの目で見られています。

　しかし、これは単なる誤解なのでしょうか。必死の抵抗を試みるリチャードは皆の誤解を解こうとするのですが……。

Part 1

Richard: Don't worry, I'll be ready for my presentation at 3:00.

Mariko: I'm pretty sure you requested that the meeting start at 1:00.

Richard: Are you sure about that? I think you misheard me.

Mariko: But you sent the time by e-mail. Yes, that's the time that you sent everyone.

Richard: Oh, I think I meant to write 3:00. So, could

we push back the meeting to 3:00?
Mariko: You're serious? You made your bed, and now you'll have to lie in it.
Richard: Come on, it was just a simple misunderstanding.
Mariko: You've made one blunder after another. No one understands what you're doing.
Richard: That's one of the problems around here—poor communication.
Mariko: Don't get the wrong idea. You're the one that misconstrues everything.
Richard: But you do understand how difficult my job is, don't you? Give me a break.
Mariko: You're barking up the wrong tree! I don't feel sorry for you at all.

対訳

リチャード：ご心配なく。3時にはプレゼンの準備はできていますから。

まり子：あなたが1時にミーティングを始めるように頼んだのよね、間違いないわ。

リチャード：そうでしたっけ？ 聞き間違いだと思いますよ。

まり子：でも、メールで時間を送ってきたわよ。そう、あなたが皆に送ってきた時間よ。

リチャード：ああ、3時って書いたつもりだっただけ

ど。だから、ミーティングを3時まで先送りしていただけますか？
まり子：本気で言っているの？　それはあなたの自業自得でしょう。
リチャード：頼みますよ。ただの誤解じゃないですか。
まり子：あなたは次から次へとしでかすのね。誰もあなたが何をしているのかなんて理解してないわよ。
リチャード：それこそが、ここでの問題なんですよ——コミュニケーション不足です。
まり子：勘違いしないでよ。あなたこそが、すべてを間違って解釈しているわ。
リチャード：でも私の仕事がどれだけ大変なのかは理解できますよね？　勘弁してくださいよ。
まり子：まったくのお門違いね！　あなたに同情する気は全くないわ。

解説

▶ **you requested that the meeting start at 1:00**　あなたが1時にミーティングを始めるように頼んだのよね
→ この文では、requested が過去形になっていますが、start に時制の一致が起こらず、それも主語が the meeting という三人称単数であるのに、原形になっていることに注目しましょう。request, insist,

demand, suggest, propose のような特定の動詞の場合、that 節の動詞は、時制や人称にかかわらず必ず「原形」になることを覚えておいてください。

例) We suggested that the meeting be cancelled. 私たちはミーティングを中止するように提案した。

▶ **Are you sure about that?** そうでしたっけ？
　➡ Are you sure? は、日本語の「本当？／マジ？」と言いたい場合にも使えます。

▶ **mishear** 聞き間違える
　➡ 接頭辞 mis- には「誤って」の意味があります。

例) misunderstand：誤解する、mislead：誤った方向に導く、miscalculate：計算違いをする、misconstrue：曲解する、misinformation：誤情報。

▶ **You made your bed, and now you'll have to lie in it.** それはあなたの自業自得でしょう。
　➡「自分で寝床を作った。だからそこで寝なければならない」が直訳。たとえ寝心地が悪かろうが、自分で用意したベッドで眠りなさい、ということです。「自業自得」「身から出たサビ」の意味になります。

▶ **You've made one blunder after another.** あなたは次から次へとしでかすのね。
　➡ blunder：へま、大失敗。one after another：次から次へと。

Part 2

Richard : And so my conclusion is that NK Trading needs to increase sales to improve your financial situation.

Tanaka : Um, Richard, I think you've misunderstood what we hired you for.

Richard : What do you mean? You wanted to know what the problem is, didn't you?

Tanaka : No, we know the problem. We want to know how to increase sales.

Richard : Why didn't you tell me that when you hired me? You misled me.

Tanaka : I what?! I specifically asked you to tell us how to boost sales!

Richard : Well, then maybe it was a slight oversight on my part.

Tanaka : No, it was a serious oversight.

Richard : This is just my first report. I'm sure I can come up with some good ideas.

Tanaka : After how long? You do know your two-month contract ends today?

Richard : No, I think you miscalculated that. It's for 60 days, not two months.

Tanaka : It's obvious that we're not seeing eye to eye.
Richard : Okay, I'll send you my invoice.
Tanaka : For what?! You haven't done a single thing!

> 対訳

リチャード：そこで結論ですが、NK商社は、財務状況を改善するために売上を伸ばす必要があります。
社　　長：うーん、リチャード。わが社がなんのために君を雇ったかを誤解しているようだ。
リチャード：どういう意味でしょうか？　問題がなんであるのか知りたかったのではないのですか？
社　　長：いいや、問題は分かっている。我々はどうすれば売上が伸びるのかを知りたいのだ。
リチャード：私を雇うときになぜそう言わなかったのですか？　あなたは私に誤解を与えましたね。
社　　長：私が何を？　私は具体的に売上を増やす方法を尋ねたのだよ！
リチャード：ええと、それなら、私の方に若干の過失があったようですね。
社　　長：いや、これは重大な過失だ。
リチャード：これはまだ最初の報告書です。必ずやよいアイデアが出せるはずです。
社　　長：どれくらい先の話だね？　君は2か月の契

約が今日終わることを知っているはずだ。
リチャード：いえ、社長は計算違いをしています。60日で、2か月ではありません。
社　長：明らかに君とは見解を異にするね。
リチャード：分かりました。請求書を送ります。
社　長：なんの請求書かね？　君はただの一つもやってないじゃないか！

解説

▶ **what we hired you for**　わが社がなんのために君を雇ったか
　➡ what ... for は「目的」を表します。

▶ **maybe it was a slight oversight on my part**　私の方に若干の過失があったようですね。
　➡ oversight：過失、見落とし。on one's part：〜の方の、〜の側で。

▶ **It's obvious that we're not seeing eye to eye.**　明らかに君とは見解を異にするね。
　➡ it is obvious that：〜であることは明白だ。see eye to eye：意見が一致する、同じ見解を持つ。

▶ **You haven't done a single thing!**　君はただの一つもやってないじゃないか！
　➡ not a single thing：何一つない。single で「一つも」という強調の意味を表しています。

セインのビジネスひとくちメモ

　日本では、相手を当惑させない、争わないことはとても重要です。そのため、面と向かって相対することを避けようとする傾向があります。しかし、アメリカでは逆に、混乱や誤解を避けるためにこそ、人ときちんと向かい合うのが大切だと考えます。それには、お互いに話し合ったことを要約するのがひとつの方法になります。そのような場合、Let me summarize what we agreed on.（私たちが同意したことを要約してみます）のようなフレーズを使って始めればよいでしょう。

　一般的な言い方になりますが、誤解を避けるためにも、英語を話す場合は日本語を話すときよりも直接的であることが大切です。「アメリカ人はストレートだから」は日本人がアメリカ人を評するときによく使う表現ですが、これは必ずしも真実ではありません。直接的であっても、あくまでフレンドリーであることが重要だと考えられています。フレンドリーな気持ちや姿勢が伴わない「直接的」は心のしこりとなり、将来の可能性を摘むことになります。

第3章
英語で言えますか？〈後編〉

1

後悔を伝えるとき、使える英語は？

　売上を伸ばすべく奮闘するNK商社の田中社長。コンサルタントは期待を裏切るばかりでまるで戦力になりませんでした。売上アップ作戦は引き延ばしにされた挙句、なんの成果も得られないどころか、プレゼンさえまともにやってもらえない有様。さすがの田中社長も、自分の見立てを後悔することになります。

　田中社長はこの危機を乗り越えられるのでしょうか。

Part 1

（Company-wide meeting）

Tanaka : Okay, thanks for coming today. We've tried a lot of things to improve sales, including hiring a consultant. That was a mistake. I have a lot of regrets.

Ito : Don't blame yourself. You tried your best.

Tanaka : Thanks for saying that, but I'm disappointed in myself. It's mostly my fault.

Mariko : It's not your fault. Don't be so hard on yourself.

Tanaka : I know, but...
Sally　 : Let's focus on the future, not the past.
Tanaka : I think you're right.

対訳

（全社会議）
社　長：さてと、集まってくれてありがとう。わが社では、コンサルタントを雇うことも含めて、売上を伸ばすためにいろいろな取り組みをしてきた。それは間違いだった。非常に後悔している。
伊　藤：ご自分のせいにしないでください。全力を尽くされたのですから。
社　長：そんな風に言ってくれてありがとう。でも自分には失望しているんだ。ほとんど私の責任だからね。
まり子：社長の落ち度ではありませんよ。そんなにご自身を責めないでください。
社　長：分かっているんだが……。
サリー：過去ではなく、これからのことに集中しましょう。
社　長：その通りだな。

解説

- **have a lot of regrets**　大いに後悔する
- **Don't blame yourself.**　ご自分のせいにしないでください。
  - → blame は「〜のせいにする」。be to blame で「責任がある」の意味になります。
- **I'm disappointed in myself.**　自分には失望しているんだ。
  - → be disappointed in：〜にがっかりする。
- **focus on**　〜に集中する、〜に関心を向ける

Part 2

(Mariko, Sally and Ito are having lunch)

Sally　：Tanaka-san was really hard on himself in the meeting.

Mariko：Yeah, he regrets all the missed opportunities.

Sally　：Well, it's not going to help to focus on the past.

Mariko：Yeah, that's true.

Ito　　：I hope he can pick himself up and make some changes.

Mariko：So do I. Our future is in his hands.

Sally　：True, but let's do everything we can.

Ito　　：I'm behind that. Whatever we do, the

company might go bankrupt, but I don't want to have any regrets.

Mariko : You're right! No regrets!

対訳

(昼食中のまり子とサリーと伊藤)

サリー：ミーティングで社長はずいぶんご自分を責めていらしたわね。

まり子：ええ、社長はあらゆる機会を逃してしまったと後悔されているのよ。

サリー：でも、過去にこだわっていてはなんにもならないわよ。

まり子：そうね、その通りだわ。

伊　藤：社長が元気を出して、変化させてくれることを願っていますよ。

まり子：私もよ。わが社の未来は彼の手中にあるんですもの。

サリー：まったくね。だけど私たちでできることはなんでもやりましょう。

伊　藤：賛成です。我々が何をしたところで会社は倒産するかもしれませんが、後悔なんてしたくないんですよ。

まり子：その通りよ。後悔なんてダメ！

解説

- **he regrets all the missed opportunities.** 社長はあらゆる機会を逃してしまったと後悔されているのよ。
  - 「彼は逃したすべての機会を後悔している」が直訳ですが、「彼はあらゆる機会を逃したことを悔いている」のように考えるとしっくりきます。
- **Well, it's not going to help to focus on the past.** でも、過去にこだわっていてはなんにもならないわよ。
  - help：役に立つ、状況をよくする。focus on the past：過去にばかり目をやる。
- **I hope he can pick himself up and ...** 社長が元気を出して…くれることを願っていますよ。
  - pick oneself up：(失敗の後) 立ち上がる。
- **So do I.** 私もよ。
  - 前にある文章 I hope he can ... を受けて、同意を表します。この場合は I hope so too.（私もそう望んでいます）の意味になります。Me too. も同じですが、カジュアルな印象を与えるのに対して、So do I. であればビジネスの場でも使えます。語順を覚えておきましょう。
- **in one's hands** 〜の手中にある
  - すなわち「〜にゆだねられている」の意味。
- **I'm behind that.** 賛成です。
  - behind は「〜の後ろに」を表す前置詞。「私はその

後ろにいる」は、「私はそれを支持している」の意味になります。

セインのビジネスひとくちメモ

　よく言われるのが「悲観論者は決して失望しない」ということです。ビジネスでは、悲観的に過ぎれば何も行動を起こすことはできないでしょう。そうであれば、おそらく悪い状況が起きることもありません。と同時に、何かよい状況が生まれることもないでしょう。
　アメリカでは社員に、楽観的になるように研修を受けさせます。そのために会社は莫大なお金を使うことになります。楽観的になることで、社員は多くの失敗を犯したり、失望する状況に追い込まれたりするかもしれません。しかし、それは同時に一層多くの機会や成功を手に入れる道筋となるはずだ、と考えるわけです。

2

よいニュースを伝えるとき、効果的な英語は？

　明日が見込めないほど売上が落ちたNK商社。田中社長もさすがにのん気ではいられなくなっています。さまざまな会社に話を持ちかけ、提案をしていますが、なんら反応はありません。さすがに落ち込む社長ですが、社員から見れば「悲観主義者」のようです。

　しかし、そんなNK商社にもgood newsが……。会社の未来は明るいのでしょうか。

Part 1

(Tanaka's office)

Tanaka: Has MMG responded to our offer yet?

Mariko: No, not yet. No news is good news.

Tanaka: I hope you're right.

Mariko: But HIJ Motors called this morning.

Tanaka: What now? They have another complaint?

Mariko: No. Why are you such a pessimist?

Tanaka: I'm not a pessimist. I'm a realist.

Mariko: Well, they want to know if they can increase their order for next month.

Tanaka : Wow, that sounds too good to be true!
Mariko : It seems like our hard work is paying off.
Tanaka : This order came in the nick of time.
Mariko : It looks like we'll be able to survive for another month.

対訳

(社長のオフィス)
社　長：MMGはこちらの提案に対して何か言ってきたか？
まり子：いいえ、まだです。便りがないのはよい便りですわ。
社　長：そうだといいんだけどね。
まり子：でも、HIJモーターズから今朝電話がありましたよ。
社　長：今度は何だ？　またクレームか？
まり子：いいえ。どうして社長はそんなに悲観的なのですか？
社　長：私は悲観論者じゃないよ。現実主義者なんだ。
まり子：HIJモーターズは来月の注文を増やせるかを聞いてきているんです。
社　長：おお、それが本当ならすご過ぎるなあ。
まり子：私たちが頑張ってきたことが報われるようですね。

社　長：この受注はまさに間一髪のところだったね。
まり子：もうひと月はなんとか生き延びられそうですよ。

解説

- **No news is good news.**　便りがないのはよい便りですわ。
  → news は「不可算名詞」なので、be 動詞は is になります。
- **a pessimist**　悲観主義者
  → 反対語は an optimist（楽観主義者）です。
- **It seems like our hard work is paying off.**　私たちが頑張ってきたことが報われるようですね。
  → pay off には「利益を出す」の意味があり、この場合は「それまでの努力が成果を上げる」ことを表しています。
- **in the nick of time**　間一髪のところで（間に合って）
- **for another month**　もうひと月

Part 2

(Company-wide meeting)
Tanaka : I have an announcement to make. There's some good news and some bad news.
Mariko : Give us the bad news first.

Tanaka : The bad news is that we're going to move to a new office.
Sally : Are you serious? A smaller office?
Ito : But we hardly have room to move now. I have claustrophobia.
Mariko : Give us the good news.
Tanaka : We're moving into the new Skyrise Tower.
Ito : What?! I can't believe my ears!
Sally : How can that be true?
Tanaka : MMG accepted our offer, and they want us to move into their office to better support them.
Mariko : The future is looking brighter every day!
Ito : Let's celebrate!

対訳

(全社会議)

社　長：皆に発表がある。いいニュースと悪いニュースだ。

まり子：悪いニュースから先に話してください。

社　長：悪いニュースは新しいオフィスに引っ越すことなんだ。

サリー：本気ですか？　もっと小さい事務所ですか？

伊　藤：でも、今は引っ越しする余裕なんてほとん

どない状態でしょう。僕は閉所恐怖症なんです。
まり子：いい方のニュースを教えてください。
社　長：我々はスカイライズ・タワーに引っ越すんだ。
伊　藤：なんですって？　自分の耳が信じられないよ！
まり子：ありえない！
社　長：MMGが我々の提案を受け入れてくれたんだ。それで彼らのオフィスに引っ越してきて、もっとサポートしてほしいと言われているんだ。
まり子：私たちの未来は日々明るくなっていますね！
伊　藤：お祝いしましょう！

解説

▶ **I have an announcement to make.** 皆に発表がある。
　→ to make は an announcement を修飾しています。

▶ **Give us the bad news first.** 悪いニュースから先に話してください。
　→ ここでの first は「最初に、先に」という意味の副詞です。

- ▶ **But we hardly have room to move now.**　でも、今は引っ越しする余裕なんてほとんどない状態でしょう。
  - ➡ room は「部屋」の意味で使われることの多い名詞ですが、このように無冠詞の場合は「余裕」という意味になります。
- ▶ **claustrophobia**　閉所恐怖症
  - ➡ phobia：恐怖症。aquaphobia は「水恐怖症」、acrophobia は「高所恐怖症」、agoraphobia は「広場恐怖症」です。
- ▶ **How can that be true?**　ありえない！
  - ➡「どうしてそれが本当でありえるのか？」が直訳。すなわち「本当であるはずがない」の意味。

セインのビジネスひとくちメモ

　よいニュース good news と悪いニュース bad news は手を携えてやってきます。Give us the bad news first.（悪いニュースから先に話してください）は、聞かされる身にとっては、おそらく古今東西同じでしょう。

　アメリカなどでは、悪いニュースは人のいないところで、その人のみに伝えた方がいい、というのが一般的です。反対に、よいニュースは皆の前で、全員に、という考え方です。よいニュースは皆が団結し、前進していくための大いなるモチベーションになります。

　よいニュース、悪いニュースは、時機を逃さずベストの状況で告げましょう。

3

命令や指示出し、英語でできますか？

　NK商社にもよい風が吹いてきているようです。

　今日は引っ越しの日、社内総出で作業をしています。まり子部長は部下のサリーや伊藤君に指示を与え、サリーは後輩の伊藤君に指示を出しています。

　命令を伝えるのはたとえ上司・部下、先輩・後輩の関係であっても、なかなか難しいもの。ですが、さすがまり子部長やサリーは上手に指示を伝えています。

　英語で命令や指示出し、あなたはできますか？

Part 1

(Moving into a new office)

Ito　　：Where should I put these boxes?

Mariko：Let's put them in the storage room.

Sally　：I'll put these files in Tanaka-san's office.

Mariko：Maybe we should take them to the meeting room for now.

Sally　：Okay, sure. What should I do next?

Mariko：Someone needs to set up the entrance.

Sally　：I can do that.

Ito	: Do you want me to help you wipe off these tables?
Mariko	: No, that's okay. Could I get you to move these chairs into the meeting room?
Ito	: No problem.
Mariko	: Thanks for all your help.

対訳

(新しい事務所に移る)

伊　藤：この箱はどこに置けばいいでしょうか？
まり子：収納室に置きましょう。
サリー：このファイルは社長室に置きますね。
まり子：それはひとまず会議室に置いた方がいいかもしれないわ。
サリー：そうですね、分かりました。次は何をしましょうか？
まり子：誰か入り口を整えなくてはね。
サリー：私がやります。
伊　藤：机を拭くのをお手伝いしましょうか？
まり子：いいえ、大丈夫よ。これらの椅子を会議室に運び込むのをお願いできるかしら？
伊　藤：はい、分かりました。
まり子：お手伝いありがとう。

解説

- **Let's put them in the storage room.** 収納室に置きましょう。
  - ➡ Let's ...（〜しましょう）は、上司から部下に言う場合は「軽い命令文」になります。
- **Maybe we should ...** 〜した方がいいかもしれない
  - ➡ 柔らかな提案のニュアンスです。
- **for now** ひとまず、とりあえず
- **Someone needs to ...** 誰か〜をしなくては
  - ➡ 直訳は「誰かが〜する必要があります」ですが、これは「誰か〜をしてください」という「軽い指示」になります。
- **I can do that.** 私がやります。
  - ➡ Leave it to me.（私に任せてください）と言い換えることもできます。
- **Do you want me to ...?** 〜しましょうか？
  - ➡「私に〜してほしいですか？」が直訳ですが、「〜しましょうか？」の意味。Shall I ...? と言い換えることができます。
- **Could I get you to ...?** 〜するのをお願いできますか？
  - ➡「私はあなたに〜させることができますか？」が直訳。すなわち「〜をお願いできますか？」の意味で、「軽い指示」になります。

Part 2

Sally : Is everything okay?

Ito : I'm trying to set up the printer, and it's giving me a headache.

Sally : I know that printer like the back of my hand.

Ito : Okay, great. Tell me what to do.

Sally : Make sure that it's plugged in.

Ito : Check. It's plugged in.

Sally : The next thing you need to do is to turn off the power switch and wait for 20 seconds.

Ito : Hold on. I'm on it.

Sally : Now turn on the computer and open a file. Then choose "print" and select the driver.

Ito : I'm doing that now. I can't seem to find the driver.

Sally : Is the printer plugged into the computer?

Ito : Huh? How do I do that?

対訳

サリー：すべて順調かしら？

伊　藤：プリンターを設定しようと思うんですけど、なんだか頭が痛くなります。

サリー：そのプリンターなら知り尽くしているわよ。

伊　藤：すごいですね。どうしたらいいか教えてく

ださい。
サリー：プラグを入れてあるか確かめて。
伊　藤：了解。プラグは入っています。
サリー：次にしなくてはならないのが、まず電源を切って20秒間待ってみることよ。
伊　藤：ちょっと待ってください。すぐにやります。
サリー：そこでコンピューターをオンにしてファイルを開いて。それから「プリンター」を選択して、ドライバーを選んでね。
伊　藤：そうしているんですけど。ドライバーが見つからないみたいなんです。
サリー：プリンターはあなたのコンピューターとつながっている？
伊　藤：え？　どうやってやるんですか？

解説

▶ **Is everything okay?**　すべて順調かしら？
　➡ 作業の進捗状況を尋ねる場合の定番表現です。

▶ **it's giving me a headache.**　なんだか頭が痛くなります。
　➡「それは私に頭痛を与えている」が直訳。すなわち「頭痛の種である」の意味。うまくいっていないことを示唆します。

▶ **I know that printer like the back of my hand.**　そ

のプリンターなら知り尽くしているわよ。
  - ➡「私は手の甲のようにそのプリンターのことを知っている」が直訳。すなわち「知り尽くしている」の意味。
- **it's plugged in**　プラグを入れてある
  - ➡ be plugged in：コンセントにつながっている。
- **Check.**　了解。
- **turn off the power switch**　電源を切る
- **Hold on. I'm on it.**　ちょっと待ってください。すぐにやります。
  - ➡ be on it：それに取りかかっている。

セインのビジネスひとくちメモ

　命令文を言う場合、「動詞」から始めると考えている人は多いと思います。そう考えれば、指示を与える場合はPut them in the storage room.（収納室に入れなさい）やSet up the entrance.（入り口を整えなさい）としたくなります。しかし、このように動詞から始めた言葉を言われると、相手が怒っているように聞こえてしまいます。

　それならpleaseをつけて、Put them in the storage room, please.とすればいい、と思うかもしれません。実はこれは、嫌みに聞こえたり必死さが感じられたりと、日本人が考えるpleaseとは違ったニュアンスを生むので、ネイティブは避ける傾向にあります。

　そこで、上司が部下に命令しなければならない場合などは、Let's ...とすることで、それらの問題を解決することができます。相手に「命令」の意味を伝えながらも、嫌な気持ちを与えないすぐれものです。

　しかし簡単な指示を与える場合は、特に気を使う必要はありません。Turn on that light.（電気をつけて）やPlug in this printer.（プリンターのプラグを入れて）のように、動詞から始めてもOKです。ただし、このような場合はイントネーションに気をつけて、あくまでフレンドリーな雰囲気を出しましょう。

　また、Have a good time.（楽しんでね）のように、相手にとって楽しいことやよいことを言う場面は、動詞から始めてもまったく問題ありません。

4

英語で社内に通達するとき、適切な言い回しは？

　NK商社も社員の頑張りにより、業績を盛り返してきました。しかし、売上が上がれば多くの喜びが得られる一方で、過重労働、すなわち残業や休日出勤をしなくてはならないという状況が生まれてきます。まさに痛しかゆし。

　さて、スタッフを集めた社長のアナウンスは吉なのでしょうか、それとも凶なのでしょうか。

Part 1

（Meeting room）

Tanaka：Listen up, everyone. I need your attention. I have an announcement to make.

Sally　：I hope it's good news.

Tanaka：Well, the bad news is that everyone needs to work on Saturday this week.

Ito　　：Give me a break.

Mariko：Give us the good news now.

Tanaka：The good news is that we're going to be able to start giving out bonuses again.

Ito : Wow, that's the best news I've heard in a long time!
Mariko : Maybe it's time we bring on more staff.
Takana : That's been on my mind.
Sally : We're happy the company is on the up and up, but overtime is a killer.
Takana : Yeah, I know what you mean, and I appreciate all your hard work.

対訳

（会議室にて）

社　長：さて、皆、聞いてくれ。注目。ちょっとお知らせがあるんだ。

まり子：よいことだといいんですけど。

社　長：えーと、悪いニュースとしては、今週の土曜日、皆に勤務してもらわなければならないんだ。

伊　藤：勘弁してくださいよ。

まり子：じゃあ、よいニュースの方は？

社　長：よいニュースはだね、また皆にボーナスを支給できるようになることだ。

伊　藤：わあ、それは久々に聞く最高のニュースですよ！

まり子：そろそろもっとスタッフを雇う頃ではないですか？

社　　長：それも考えている。
サリー：会社が絶好調になっているのは皆うれしいんですけど、残業が致命的ですよね。
社　　長：そうなんだ、君の言うことは分かるよ。皆の頑張りにはとても感謝している。

解説

- **give out**　支給する
- **that's the best news I've heard in a long time!**　それは久々に聞く最高のニュースですよ！
  - → I've heard の前に「関係代名詞」の that が省略されています。in a long time は「長い間、久しぶりに」です。
- **it's time we bring on more staff**　そろそろもっとスタッフを雇う頃
  - → we の前に when が省略されています。bring on は「連れてくる」、この場合であれば「雇う」の意味になります。
- **That's been on my mind.**　それも考えている。
  - → ずっと私の心にかかっている、すなわち「ずっと考えている」。
- **on the up and up**　絶好調で
- **a killer**　致命的なもの

Part 2

Mariko : Did you hear the news?

Ito : No, what news? We're going to have to work on Sunday too?

Mariko : No, it's good news. Tanaka-san is hiring more people.

Ito : That's the news we've been waiting for.

Mariko : I know. Business is booming, but we weren't sure if it was a bump or a trend.

Ito : The performance figures for last month will be out tomorrow. It must be good news.

Mariko : Otherwise, we wouldn't be hiring more staff.

Ito : We've been working our butts off, and it looks like the hard work is paying off.

Mariko : Yeah, you hit the nail on the head.

Ito : Do you know what kind of people he's going to hire?

Mariko : Well, he said he wants to hire people who don't complain.

Ito : Do you think he was thinking about me?

Mariko : If the shoe fits, wear it.

対訳

まり子：ニュースは聞いた？

伊　　藤：いいえ、なんのニュースですか？　日曜日も勤務しなければならなくなったとか？
まり子：そうじゃないわ、よいニュースよ。社長がもっと人を雇うの。
伊　　藤：それこそ僕が待ち望んでいたニュースです。
まり子：分かっているわ。会社は順調。でもそれが一時の上昇なのか、流れになっていくのかよく分からなかったの。
伊　　藤：先月の業績のデータは明日出てきますよ。きっと朗報に間違いないですよ。
まり子：そうでなければ、私たちはスタッフを増やすこともできないでしょうね。
伊　　藤：僕たちは皆、必死に働いてきましたからね。頑張りは報われると思いますよ。
まり子：まさにその通りよね。
伊　　藤：社長がどんな人を雇おうとしているか知っていますか？
まり子：そうね、不平を言わない人を雇いたいと言っていたわね。
伊　　藤：社長は僕のことを考えていると思いますか？
まり子：思い当たるところがあれば、それは素直に受け止めなさい。

解説

▶ **a bump or a trend**　一時の上昇なのか、流れになっていくのか
  - ➡ bump は「衝突」「上昇」などの意味ですが、ここでは「一時の上昇」のニュアンス。

▶ **Otherwise, we wouldn't be hiring more staff.**　そうでなければ、私たちはスタッフを増やすこともできないでしょうね。
  - ➡ wouldn't be ...ing は「仮定法」。「(そうでなければ)〜できないだろう」の意味になります。hiring more staff は「スタッフを増員する」。

▶ **work one's butt off**　必死に働く

▶ **hit the nail on the head**　まさにその通り
  - ➡「釘の小さな頭を外さずに叩く」の意味から、「ずばり言い当てる」。

▶ **If the shoe fits, wear it.**　思い当たるところがあれば、それは素直に受け止めなさい。
  - ➡ 直訳は「靴がピッタリ合えば、履けばよい」。

セインのビジネスひとくちメモ

　日本では、多くの会社で朝礼をしています。全社的でなくても、同じ部内や課内での朝礼は一般的です。しかし、アメリカでは朝礼はそれほど多くの会社が採用しているわけではありません。現在打ち合わせは一般的には避ける傾向にあります。その代わりに、何かをアナウンスする手段としては、多くの場面でeメールが圧倒的に使われています。もちろん全社的な会議もあります。しかしほとんどの場合は、非常に小規模な打ち合わせや会議であり、参加者は本当に必要な人だけです。この会話のようにただアナウンスをして終わらせることも多くあります。アメリカ人の多くは、直接自分が関係を持たない会議への出席を強制されることを好みません。

5

英語でお祝いをするとき、気のきいた表現は?

　NK商社の新入社員の伊藤君。最初は頼りなく、若者にありがちな失敗を繰り返しながらも、他のスタッフとともに一生懸命に仕事をしてきました。その努力を皆がきちんと見ていたようです。

　まり子部長、今日は何かビッグニュースがありそうです。伊藤君の将来は、そしてNK商社の未来は輝くのでしょうか。

Part 1

Mariko : I heard the good news!
Ito　　 : What good news?
Mariko : Congratulations!
Ito　　 : Congratulations for what?
Mariko : Oh, maybe I jumped the gun. Didn't Tanaka-san talk to you yesterday?
Ito　　 : No, I was out doing sales all day.
Mariko : Well, I better keep my mouth closed.
Ito　　 : Come on! Now you have to tell me.
Mariko : Well, Tanaka-san said that he's going to

	make you the manager of the new Global Development Department.
Ito	: Wow! That would be great!
Mariko	: You deserve it. You've done yeoman's work.
Ito	: Everyone has been working hard to save the company.
Mariko	: Thanks to you, the future is starting to look bright.

対訳

まり子：いいニュースを聞いたわよ！
伊　藤：どんないいニュースですか？
まり子：おめでとう！
伊　藤：何に対してのおめでとうですか？
まり子：あ、ちょっとフライングだったわね。昨日、社長はあなたに話をしたかしら？
伊　藤：いいえ、私は昨日は1日外回りをしていました。
まり子：じゃあ、黙っていた方がいいかもね。
伊　藤：頼みますよ！　話してくださらなくちゃ。
まり子：社長があなたを新しい国際開発部のマネージャーにするつもりだと言っていたわよ。
伊　藤：わあ、それはすごいなあ。
まり子：あなたに相応しいわ。あなたはずっと大変な仕事をしていたもの。

伊　藤：みんな会社を救うために頑張って働いてきましたよ。

まり子：あなたのおかげで、未来は明るく輝き始めたわ。

解説

▶ **Congratulations!** 　おめでとう！
　➡ 必ず複数形にします。

▶ **jump the gun** 　フライングする
　➡ 陸上競技などで合図のピストルより早く飛び出すことです。つまり「フライングする、焦る」。

▶ **be out doing sales** 　外回りをする

▶ **Come on!** 　頼みますよ！
　➡ ネイティブの会話ではよく使われる言い回し。状況によっていくつかの意味があり、なかなか言わない人の背中を押すように「早く言ってくださいよ！」がこの場面での Come on! になります。ほかに「冗談はよしてよ」「急いでよ」などの意味があります。

▶ **That would be great.** 　（本当なら）それはすごいなあ。

▶ **You deserve it.** 　あなたに相応しいわ。
　➡ あなたはそれに値する、すなわち「あなたはそれに相応しい」。努力が報われた人へのひと言などにピッタリです。一方で、「自業自得だ」のようなネガ

ティブな意味もあります。
- **You've done yeoman's work.** あなたはずっと大変な仕事をしていたもの。
  → yeoman は昔の自作農のことで、yeoman's work は「労力のかかる仕事」の意味。

Part 2

Tanaka : Is Ito-kun here?
Ito　　 : Yes, is there something...?
Tanaka : Could you get the Bluesky Motors file for me?
Ito　　 : Sure, here you are. Is there anything else?
Tanaka : No. I don't think so.
Ito　　 : Okay, if you need to talk to me, I'll be at my desk.
Tanaka : Oh, there is one thing. As you know, we're setting up a Global Development Department, and I'd like you to be the Manager.
Ito　　 : Me?! I didn't see this coming. It's like a bolt out of the blue.
Tanaka : You've shown me that you're up to the job. You're a born leader.
Ito　　 : Thanks for your trust. I won't let you down.

Tanaka : Congratulations. You're the youngest manager in the company.

Ito : It's a big honor for me. I'll give it my all.

対訳

社　長：伊藤君はいるかね？
伊　藤：何かご用ですか？
社　長：ブルースカイ・モーターズのファイルを持って来てくれるかな？
伊　藤：はい、こちらです。ほかに何かありますか？
社　長：いいや、特に。
伊　藤：そうですか。もし私にお話があれば、自分の席におりますので。
社　長：ああ、一つだけあった。君も知っての通り、我々は国際開発部門を立ち上げるんだ。それで君にマネージャーになってもらいたいと思っている。
伊　藤：私がですか？　それは思ってもみませんでした。晴天の霹靂です。
社　長：君は適任だと分かったよ。生まれながらのリーダーだ。
伊　藤：信頼してくださってありがとうございます。決して失望させません。
社　長：おめでとう。君はわが社の最も若いマネージャーだ。

伊　藤：大変名誉なことです。全力を尽くします。

解説

▶ **I didn't see this coming.**　それは思ってもみませんでした。
- ➡ これが来るとは分からなかった、すなわち「予想外のことだ」の意味。

▶ **It's like a bolt out of the blue.**　青天の霹靂です。
- ➡ bolt には「ネジ」の意味もありますが、この場合は「稲妻」を表します。a bolt out of the blue は「青空からの稲妻」。すなわち「青天の霹靂」ということです。

▶ **you're up to the job**　君が適任だ
- ➡ be up to the job は「その任務に向いている」「その仕事に耐えうる」。

▶ **You're a born leader.**　生まれながらのリーダーだ。
- ➡ born は名詞の前で「生まれながらの」「天性の」という意味になります。

▶ **I won't let you down.**　決して失望させません。
- ➡ I won't disappoint you. と言い換えることもできます。何か大きな仕事を任されたときに、相手を安心させ、自分の決意を示せるひと言です。

▶ **I'll give it my all.**　全力を尽くします。
- ➡ give it one's all は「最大限の努力をする」。

セインのビジネスひとくちメモ

　アメリカなどの国では大きな仕事を任せる場合は、その人の年齢や経験よりも、リーダーに相応しい素質を重視するのが一般的です。年配の人よりもむしろ若い人たちがマネージャー職に選ばれることもよくあります。
　一方、アメリカの組織は簡単に変わります。日本の組織では、昇進することはありますが降格人事はめったにありません。しかしアメリカでは、組織とは常に変わりゆくものなのです。今日あなたの部下であったり下の地位にいた人物が、明日にはあなたの上司になっているかもしれません。だからこそ、会社にいるすべての人とよい人間関係を築き、上下関係のみに心を奪われないことが大切です。

第4章

影の英語

1

「感謝が足りない」と思われてしまうThank you.とは?

　一つの言葉はさまざまな顔を持っています。日本人の言葉が意図していない意味合いで伝わることもあります。今回は、感謝を表すときに気をつけたい表現です。

—◆—◆—◆—

　「ありがとうございます／ありがとう」——日本中で、世界の国々で人々の口から出てくる感謝の言葉です。人々の関係を円滑に温かくする魔法の言葉です。英語にすればThank you very much. / Thanks. で、日本人なら知らない人もいないフレーズです。でも、だからこそ雑に使ってはいないでしょうか。

> **Thank you very much.**
> **正しい訳** ありがとうございます。
> **影の意味** はいはい、どもども、ありがとうございマシタネ。

　英語で「ありがとう」と言う場合の基本形。誰もが簡単に使えます。しかし、実は社交辞令に聞こえることが

多いため、ネイティブは無意識にこのフレーズの使用を避ける傾向にあります。その Thank you very much. にあなたの気持ち、込められてる？

> **Thanks.**
> 正しい訳 ありがとう。
> 影の意味 ども。

　言葉は字面で見るのと聞くのとでは大違い。一つの表現は、言っている人の表情、感情、言葉のトーンなどさまざまな要素を含んでいます。Thanks!（ありがとね！）と元気に明るく言うなら問題はありません。でも、この言葉を抑揚もなく、ひどく真面目に言えば「気持ちが入っていない」「仕方なく言っているでしょ」と受け取られる可能性があります。短いこの表現を使うなら「明るく元気よく」が鉄則です。

■ これなら「影の意味」はない！

　ポジティブな「ありがとう」を覚えましょう。

> **Thank you so much.**
> ありがとうございます。

Thank you very much. の very を so に変えるだけでグッと感じが変わり、気持ちがこもった印象があります。ever を加えた Thank you ever so much. を使えばさらに印象がアップします。

> **Oh, thanks.**
> あら、ありがとう。

Oh は「あら、まあ」などの驚きを表す間投詞です。Oh を加えることで、期せずしてお礼の言葉が出てしまったという、計画的な社交辞令ではない感謝を表すことができます。

> **I owe you one.**
> ありがとう、借りができちゃったね。

owe は「借りがある」「恩恵を受けている」ですので、I owe you. であれば、金銭的な借りがあるという意味にもなります。I owe you one. は相手に感謝するフレーズで、とてもフレンドリーな言い回しです。one は「もの」の意味ですが、具体的に何を指しているかを考えるネイティブはいません。一つのフレーズとして覚えましょう。以下はいずれも「とってもありがたいと思っています」を表すフレーズです。

▶ I owe you a big one.
▶ I owe you a million.
▶ I owe you everything.

Thanks, I appreciate that.
ありがとう、感謝しています。

心からの感謝を表すための決まり文句です。軽くはなく、誠意をもって感謝している気持ちが相手にきちんと届きます。

I appreciate it.
感謝しています。

いろいろ考えて、結果として感謝の言葉を述べるというニュアンスです。口先ではない心からの感謝になります。何に感謝しているのか、具体的に言うのもよいでしょう。

▶ I appreciate all your help.　多くのご尽力をいただきまして感謝しています。
▶ I appreciate your advice.　アドバイスをいただきまして感謝しています。

> **I really have to thank you.**
>
> 心からお礼を申し上げます。

　直訳すると「あなたには本当にお礼を言わざるをえません」の意味。have to を使うことで、「本当にすごいことをやってくれました。もう感謝するしかありません」の含みになります。

■あなたが知らない本当の使い方——appreciate

　I appreciate your offer. の appreciate は「感謝する」の意味で、この文は「あなたのお申し出に感謝します」となります。

　では、appreciate は「人」を目的語として取るのでしょうか。たとえば I appreciate you. は英語として正しいのでしょうか。この形を NG とする説もありますが、実際には使うことができます。ただし、〈appreciate + 人〉は使える状況が限定されています。自分に近しい部下などに対して、I appreciate you. You've been a good worker for many years.（長年よく仕えてくれた。感謝している）と言うのは自然です。

　しかし、ちょっとしたことであれば、I appreciate you. は不自然。I appreciate that. のように言うのが自然です。

■感謝する以外のappreciate

①よく分かる／良さを理解する

▶ **He appreciates good food.** 彼はよい食べ物をよく分かっています。

▶ **She appreciates fine art.** 彼女は美術の良さを理解しています。

→ このような場面でよく使われるのが「鑑賞する」という訳語ですが、実はこれは間違い。実際に鑑賞するということではなく、「よく分かる／良さを理解する」、すなわち「好きである」という意味です。

②それはそうですが……／気持ちは分かりますが……

▶ **I appreciate that, but you don't understand the situation.** それはそうですが、状況を理解されていないと思います。

▶ **I appreciate that, but let's try to cooperate.** 気持ちは分かりますが、協力するようにしましょう。

→ 相手が言い訳をしたり、相手に反対意見を言ったりする場合によく使われる表現です。

③値段／価値が上がる

▶ **Land prices have appreciated for five years.** 地価は5年間上がり続けています。

▶ **The yen probably won't appreciate any further.** おそらくこれ以上円高にはならないでしょう。

2

「日本人は怒りっぽいの?」と疑われやすい3つの英語

今回は聞き返すときの英語です。

ネイティブがナチュラルスピードで話す英語が聞き取れない。あるいは不意に話しかけられてなんだか分からなかった。「えっ? 何々? なんて言ったの?」はよくあることではないでしょうか。そのまま流しちゃおうか……とふと悪魔のささやきが聞こえてきそうですが、ここはきちんと聞き直さなくては。

> **Please say that again.**
>
> **正しい訳** もう一回言ってください。
>
> **影の意味** あなたの言い方がおかしいので、もう一回言ってください。

Please はなかなか侮れない言葉です。丁寧とばかりは言い切れません。この言い方であれば、相手を批判しているように聞こえる可能性もあります。教室でよく先生が使うフレーズです。

ちなみに「大切な会議に遅刻してしまった。これで2回目だ」。そのようなとき、上司に Please don't be late again.（二度と遅刻しないように）と言われたら、ちょっと怖い。静かな中にも、Please に怒りが込められています。

What did you say?

正しい訳 なんと言いました？
影の意味 なんだって?!

つい口をついて出てしまいそうな表現ですが、イライラする場合によく使われます。I'm sorry, what did you say? なら大丈夫です。

What?

正しい訳 何？
影の意味 なんだ？

短い文やフレーズの場合は言い方次第でとてもきつく聞こえます。「あれ、この人怒ってる？」と痛くもない腹を探られそうです。代わりに I'm sorry, what? なら誤解はされないでしょう。

■ これなら「影の意味」はない！

> **Could you say that again for me?**
> もう一度言っていただけますか？

ここでは for me がポイントになります。「私のために」は「私が分からなかった。だから、あなたではなく私が悪い」という含みがあります。Sorry, but could you say that again for me? もよく使われます。

> **I didn't catch that.**
> 聞き損じました。

あなたの言葉を catch「捕まえる」ことができなかった、の意味です。not quite（完全には〜ない）を使って、I didn't quite catch that. とするバリエーションがあります。

> **Sorry?**
> あっ、ごめんなさい。

語尾を上げるのがポイントです。こんなに短いひと言ですが、丁寧な言い方です。I'm sorry, but I didn't understand what you said. を短く言っています。

■あなたが知らない本当の使い方
──for me / for you

for は「〜のために」の意味があり、このひと言の中に丁寧さが感じられます。

▶ **You've done a lot for me.**　いろいろとお世話になりました。
　→「あなたは私のために多くのことをしてくださいました」が直訳。「ありがとうございます」と言わなくてもお礼の意味が含まれています。

▶ **This is for you.**　はい、どうぞ。
　→プレゼントなど、相手にとって喜ばしいものを渡す場合。「これはあなたのためのものです」が直訳。

▶ **For me?**　あら、私に？
　→うれしい驚きを表します。

▶ **It's for you.**　あなたに電話です。
　→電話を取り次ぐ際の決まり文句です。It を形式上の主語とします。

▶ **What can I do for you?**　あなたのために何かできることはありますか？
　→お店などで言えば、「いらっしゃいませ。ご用件はなんでしょうか？」の意味になります。How can I help you? と意味は似ていますが、for you がついているため、この What can I do for you? の方がフレン

ドリーに聞こえます。

▶ **Could you do something for me?**　一つお願いしていいかしら？

　→ Could you do me a favor? と似ていますが、for me があることで「私のためにやっていただけるかしら？」の意味合いが強く、相手も断りにくいかもしれません。ビジネスの現場などでよく使われる表現です。

▶ **Could you slow down for me?**　すみません、もう少しゆっくり話していただけますか？

　→ これも同じ。for me をつけることで「私が聞き取れなくて……」と、この原因は自分にあるとしていることが相手にスムーズに伝わります。

▶ **I feel for you.**　お気の毒です。

　→ feel for：〜に同情する。

▶ **Good for you!**　よかったね！

　→「あなたにとってよかったね」が直訳。相手の幸運を喜ぶフレーズです。

▶ **I would do anything for you.**　君のためなら、僕はなんだってやるよ。

　→ 恋人同士などでよく交わされるフレーズです。I'll do anything for you.（君のためになんでもするよ）よりも「仮定法」を使うことで「たとえ何があろうと……」のような意味合いが出るため、より心が伝わります。

▶ **It doesn't do anything for me.** 私はあまり好きではありません。
  ➡ 「私のために何もしない→なんの影響もない→あまり好きではない」のように考えると分かりやすいかもしれません。
▶ **It didn't do anything for me.** あまり好きではありませんでした。
  ➡ 映画などを見て「どうだった？」と感想を聞かれて、「あまり好みでなかった」と答える場合の言い回しです。

相手の英語が分からず、何度も話を止めてしまう。「えっ、何？」と言った言葉が実は相手にとって失礼であるなど、瞬間的に「聞き返す」フレーズはなかなか難しいものです。「相手への責任転嫁」のように聞こえてしまうのを、for me をつけると回避できることも覚えておきましょう。

3

「上から目線」と嫌われる4つの英語

今回は同情を示すときの英語です。

「お気の毒にね」「そりゃあ、あんまりだよ」。つい同情したくなる場面があります。My proposal got rejected again. I think my boss hates me.（企画書が突き返されたよ。ボスは僕のことを嫌っているんだ）と同僚に打ち明けられたとき、あなたはなんと言えばいいでしょうか。毎日残業して、一生懸命頑張っていたことを知っていたら、なおさら返答に困るはずです。

> **I pity you.**
>
> **正しい訳** 本当にかわいそうですね。
> **影の意味** 君はどうしようもない人間だね。

I pity you. は同情よりも相手をバカにする言い方になってしまいます。

That's too bad for you.

正しい訳 それは残念。
影の意味 それは仕方がないでしょう。

「あなたにとっては悲しいことかもしれないけど、喜んでいる人もいるはずだから、そこは我慢しなくちゃね」と聞こえる可能性があります。That's too bad. なら「残念でしたね」に聞こえる可能性はありますが、for you をつけることで嫌味に聞こえてしまいます。

I feel sorry for you.

正しい訳 同情します。
影の意味 あなたってかわいそうな人なのね。

同情する気持ちがまったく伝わらない、上から目線のひと言になります。

I know how you feel.

正しい訳 気持ちはよく分かります。
影の意味 私も同じつらい経験をしているので、自分だけがつらいと感じるのは甘いかな。

I know how you feel. はネイティブも実際に使う表現

ですが、「私の方がきっとつらいと思うわ」と言いたい場合に使われます。

■ これなら「影の意味」はない！

Oh, no. That's too bad.
まあ、そんな。お気の毒に。

That's too bad. は「仕方ないよね」と少し相手を小バカにしているニュアンスがありますが、Oh, no. をつければ大丈夫。あなたの心配している気持ちがそのまま伝わります。表情や声にも心を込めれば、なおさらOKです。

Let me know if I can do anything.
何かできることがあったら、言ってちょうだい。

悩んでいる相手には話を聞いてあげることが心の慰めとなる場合も大いにあります。こう言って相手の話を聞く姿勢を見せましょう。

▶ Let me know if I can do anything.　何かできることがあれば言ってね。

▶ Let me know if I can do anything to help.　何か助

けられることがあれば言ってね。

▶ **Let me know if you need someone to talk to.** もし話し相手が必要なら言ってね。

▶ **Why don't we talk about this tonight after work?** 今夜仕事が終わったら、この件を話しましょう。

I think I know how you feel.

あなたの気持ちは分かると思うわ。

影の意味を持つ I know how you feel. に I think をつけることで、あなたの気持ちを分かってあげられるかもしれない、という控えめな表現にすることができます。

I can sympathize with you.

本当にお気の毒に思います。

---

sympathize は「同情する」という意味です。I can sympathize with you. や You have my sympathy. は同情の気持ちがよく伝わる表現です。

■ あなたが知らない本当の使い方——sympathy

▶ **I have a lot of sympathy for him.** 彼には大いに共感しています。

➡ have sympathy for：〜に共感を覚える。feel sympathy for も同じです。

▶ **Don't worry about her. She's trying to attract sympathy.** 彼女のことは心配しなくていいよ。同情を引こうとしているだけだから。

➡ attract sympathy：同情を集める。

▶ **Stop fishing for sympathy.** 同情を引こうとするのはやめなさい。

➡ fish for：〜を引き出そうとする。

▶ **The public showed sympathy for the victims of the flood.** 世間は洪水の被災者に同情を示しました。

➡ show sympathy for：〜に同情を示す。

▶ **His wife died, so I sent him a sympathy card.** 彼の奥さんが亡くなり、私はお悔やみ状を送った。

➡ sympathy card：お悔やみ状。

▶ **He tried to play the sympathy card.** 彼は同情を買おうとした。

➡ play the sympathy card：同情作戦を取る。この場合の sympathy card は、同情を引くために出す切り札。

▶ **If you say that, people will think you're a terrorist sympathizer.** それを言うなら、人々は君をテロリストのシンパと思うだろうよ。

➡ sympathizer：シンパ、同調者、支持者。

相手がショックを受けていたり落ち込んでいたりする場合に、どのような言葉をかけてあげればいいのか、実は分かりません。同じひと言でも受け取る相手によって言葉の意味が違ってくる場合があることも、経験上分かっています。

　でも、だからといって放っておけば、相手は自分が誰からも気にされていないと思うかもしれません。無関心でいられることは、実は一番こたえるものです。同情の言葉を述べて、「しばらくは放っておいて」と相手が言うのであれば、「それじゃあ、必要になったら知らせてね」と応じて、自分が相手を気にかけていることを伝えられれば、その場はそれでいいと思います。

4

「日本人は非協力的」と誤解される3つの英語

今回は知らないときや分からないときの答え方です。

When will the report from ABC arrive?（ABC社からの報告書はいつ来ますか？）などと相手から尋ねられて、よく分からなかったとき、さて、あなたはなんと答えますか？

まさか「知らん」とは答えないと思いますが、簡単な英語の裏にある「影の意味」を知っておけば、相手を不快にさせたり、思いもしない「不誠実な態度」に見えたりすることを避けられます。

> **I don't know.**
> 正しい訳 　知りません。
> 影の意味 　知らないし、興味もありません。

分からなければI don't know.が自然に出てきそうですが、相手の真剣な気持ちを考えずに軽く答えている印象が伝わる可能性が高い言い回しです。Sorry, I don't know. と言えば、その印象はやや軽減されます。

> **Ask someone else.**
> 正しい訳　誰かほかの人に聞いてください。
> 影の意味　今は忙しいので邪魔しないでね。

　I'm busy, so ask someone else. と言っているように聞こえます。相手に対して協力的でないことが伝わってしまいそうです。

> **Who knows?**
> 正しい訳　誰が知っているでしょうか？
> 影の意味　知らないなあ。

　これもあまり協力的には聞こえない言い回しになります。I don't know. に近いでしょう。Who knows when the report from ABC will arrive? と言っているつもりでも、なかなかそうは聞こえそうもありません。親しい友人同士の間で、Who knows?（知らないな）はよく使われますが、ビジネスの場面で使われることはあまりないと言ってよいでしょう。

■ これなら「影の意味」はない！

> **I'm afraid I really don't know.**
> ごめんなさい。よく分からないの。

I don't know. と、really を入れた I really don't know. との間には、相手にとってみれば大きな差があります。I really don't know. であれば、「考えてみたんだけど、よく分からないの」というニュアンスであり、決して門前払いのイメージはありません。そこに I'm afraid がついているのですから、なおさら使える表現となります。

> **I have no idea.**
> どう考えてみても分かりません。

相手の問いに対してきちんと考えていることが伝わる言い回しです。少し真剣な表情をすれば、さらに気持ちが伝わるでしょう。

> **Let's ask George in Accounting.**
> 経理のジョージに尋ねてみましょう。

おざなりな答えではなく、「経理のジョージ」と具体

的な名前をあげることによって相手に役立つ答えとなり、あなたがきちんと対応していることも伝わります。Let's もポイントで、相手だけではなく、その答えを探すことに自分も加わりますよ、というメッセージを与えています。

> **I don't know, but I'll find out.**
> 分かりませんが、調べておきましょう。

なんの解決策もアドバイスもなく、ただ I don't know. だけでは突き放した感がありますが、その後に言葉が続けば問題なく使えます。I'll have the answer for you by 3:00.（3時までに探しておきますね）のように具体的に言えば、なおさらあなたの誠実さが伝わるとともに、相手にも安心感を与えます。

> **My best guess is at 3:30.**
> 最も考えられるのは3時30分だと思います。

この後に I'll look into it.（調べてみましょう）、あるいは I'll check with George in Accounting.（経理のジョージに確かめてみます）などと具体的なことを言えばさらによいでしょう。

■ あなたが知らない本当の使い方——know

▶ **When it comes to accounting, I know no more than the man in the moon.**　経理のこととなると、まるで分かりません。
　→ know no more than the man in the moon：全く分からない。月の中にいる人のことと同じくらいしか知らない、という意味。

▶ **She knows little to nothing about this industry.**　彼女はこの業界について何も知らないに等しい。
　→ know little to nothing：ほぼ何も知らない。

▶ **I don't know beans about programming.**　プログラミングについては何一つ分かりません。
　→ not know beans about：〜について全く知らない。この beans の語源については諸説あるようです。

▶ **Jack is still complaining?! He doesn't know when to give up.**　ジャックはまだ不平を言っているの？あきらめが悪いね。
　→ not know when to give up：あきらめ時を知らない、すなわち「あきらめが悪い」の意味。

▶ **I don't know Mr. Green from Adam. I've never even met him.**　グリーンさんのことはちっとも知らない。会ったことさえないよ。
　→ know A from：A を〜と区別する。Adam は最初の

人間で、すなわち全く見知らぬ人。「アダムと同じでグリーンさんなど見たことがない。だから区別のしようもない」という意味。

▶ **Sorry for complaining, but I don't know what else to say.**　愚痴を言ってごめんなさい。でもほかに言うべき言葉が分からないの。
　➡ not know what else to say：それ以外に言うべき言葉が分からない。

▶ **Sorry, but I'm really confused. I don't know which end is up.**　ごめんなさい、混乱してしまって。途方に暮れています。
　➡ not know which end is up：どちらが上だか分からない、すなわち「何がなんだか分からない→途方に暮れる」の意味になります。

そんなつもりはなかったのに、相手が自分の意図とは逆に取ってしまった。相手は自分を冷淡に感じてしまったようだ。——そんな行き違いが起きやすいのが、実は「知らない」なのです。相手からすれば知っていてくれればよいことなのですが、なかなかそうとばかりはいきません。相手の気持ちを汲み取った答えができるようにしておけば安心です。

5

「社交辞令ばかり」と思われる3つの英語

　今回は相手からの感謝に返すひと言です。

———◆　◆　◆———

　「手伝っていただいてありがとう！」「いいえ、どういたしまして。お役に立てて何よりです」は職場や日常生活での何気ないひとコマ。短い言葉に思いを込められるチャンスです。ところが意外と難しいのが、「いいえ、どういたしまして」のような、お礼に対する返答かもしれません。「お役に立ててうれしい」という気持ちを嫌味なく相手に伝えることは大切です。

　Thanks for your help.（助けていただいてありがとうございました）と言われたら、どう答えますか？

> **You're welcome.**
> **正しい訳** どういたしまして。
> **影の意味** まあ、いいってことです。

　Thank you. とお礼を言われて、すぐに出てくるのはYou're welcome. かもしれません。教科書通りの返答で、

もちろん正しい英語ですが、実は社交辞令に聞こえる場合があるため、ネイティブは避けることが多いのも事実です。上から目線と感じる人もいます。

> **Okay.**
> 正しい訳　はい、いいですよ。
> 影の意味　感謝してもらうのは当たり前。

ちょっと迷惑だったと感じさせてしまうような言い方です。

> **I know.**
> 正しい訳　分かってます。
> 影の意味　もちろんだ。

「それはそうだね」のニュアンス。

■これなら「影の意味」はない！

> **You're more than welcome.**
> とんでもありません。

直訳すれば「あなたは歓迎される以上の方です」、す

なわち「とんでもございません」の意味になります。気持ちが込められた温かさの伝わる言葉です。

> **You're very welcome.**
> いえいえ、どういたしまして。

言い方によってはちょっとおざなりに聞こえるYou're welcome. でも、veryやmost（You're most welcome.）をつければ、あなたの気持ちが素直に伝わります。

> **Sure thing.**
> 当然のことをしたまでですよ。

軽いお礼に対する返答。とてもフレンドリーな雰囲気を出せます。sureは「確かな」の意味。そこから「当然のことですよ」になります。Sure, anytime.（こんなことくらいなら、いつでもどうぞ）もよいでしょう。

> **It's my pleasure.**
> それは私の喜びです。

より気持ちを強調したIt's all my pleasure. という答え方もあります。

> **I'm glad I could help.**
>
> お役に立てたのであれば、私もうれしいです。

I could help（お役に立てたのであれば）という控えめな表現を使うことで、あなたの気持ちを大げさではなく相手に伝えることができます。

■あなたが知らない本当の使い方——welcome

▶ **We welcome the chance to learn more about your company.** 貴社のことをもっと知る機会があればうれしく思います。

→ welcome a chance to：〜する機会を歓迎する。

▶ **We want to make improvements, so we welcome your criticism.** さらなる改良を望んでおりますので、皆様からのご意見をお待ちしています。

→ welcome one's criticism：〜からの批判を受け入れる。

▶ **The new hiring policy is a welcome change.** 新しい雇用方針に変わることは歓迎です。

→ welcome change：喜ばしい変化、すなわち「変化を歓迎する」の意味。

▶ **You're welcome to leave anytime.** この会社をいつ辞めてもいいんだよ。

→ be welcome to：自由に〜してよい。この場合であれば「いつ辞めてもOK」の意味。

▶ **If you wanted to join our company, we would welcome you with open arms.** わが社に入社したければ大歓迎です。

→ welcome ... with open arms：〜を両手を広げて歓迎する、〜を温かく迎え入れる

▶ **She's an important customer, so we need to put out the welcome mat.** 彼女は大切な顧客だ。粗相のないように迎えなければならない。

→ put out the welcome mat：ドアマットを出す、すなわち「間違いのないように、きちんと迎える」。ドアマットはWelcomeの文字があることが多いため、そのマットを外にあるいは玄関に出しておくことからきています。

▶ **Could you stand at the entrance and welcome the guests?** 玄関でお客様をお迎えしてもらえますか？

→ 呼び鈴を押したら初めて家人が顔を出すのと違い、stand at the entranceは、最初から玄関に立ちお客様をお迎えするイメージです。

▶ **Welcome aboard!** ご搭乗／ご乗車／ご乗船ありがとうございます。

→ aboard = on board：搭乗して、乗車して、乗船して。Welcome aboard!（ようこそ）は会社に入社したり、

クラブで新しくメンバーになった人への歓迎の言葉としても使えます。会社などで「運命共同体」をWe're in the same boat.（私たちは同じ船に乗っている）のように言いますので、会社のような組織にいることは小船に乗ってともに荒海に漕ぎ出すことなのかもしれません。

「歓迎する」には次のような表現も使われます。The small village rolled out the red carpet for the famous singer.（小さな村は有名な歌手を大歓迎した）

「レッドカーペットを歩く」はそのまま日本語でも使われるように、映画祭など有名なセレモニーに登場する人たちが赤いじゅうたんの上を歩くことを言います。普段まるめてあるじゅうたんをパッと広げて長く伸ばす。それがすなわち「大歓迎をする」ことになります。

英語のフレーズにはこのように意味がそのまま分かるようなものも多くあります。覚えていくのも楽しい作業です。

6

英語で意見を聞くとき opinionの使い方には要注意

今回は目上の人に意見を求める場面です。

———◆　◆　◆———

目上の人や上司の意見は大切ですが、実際に求めるとなると、なかなかハードルが高いと感じることもあります。意見といえば、思い浮かぶのがopinion。確かに辞書を引けば、opinionの項の最初に出てくるのが「意見」ですから、間違いはないはずです。ですが、opinionにはちょっと別の顔があります。

会議中に上司の意見を尋ねたいとき、こんな風に言っていませんか？

> **What's your opinion?**
> 正しい訳　ご意見はなんですか？
> 影の意味　あまり参考にしませんが、どう思います？

opinionは「意見」というよりも「思いつき」に近いニュアンスがあるので、相手はあまりきちんとした考えを求められていないと思うかもしれません。

Do you have an opinion?

正しい訳 ご意見はありますか？
影の意味 興味はないですか？

　opinion は「特別な知識」がなくても言えるものという解釈なので、have an opinion や don't have an opinion と言うと、「興味がある／興味がない」に近い意味合いになります。

■ これなら「影の意味」はない！

What's your take on this?

これについてはどう思いますか？

　相手の考えを聞くフレーズで、日常会話などでも使える万能表現です。take は名詞で「考え方、見解」。What's your take?（どう思う？）とも言えます。

What do you think about this?

これについてどうお考えですか？

　相手の意見を求める場面での一般的な聞き方になりま

す。What do you think of this? との違いですが、こちらは考えよりも「好き？」あるいは「感想」を尋ねるニュアンスがあり、What do you think of him?（彼のこと、どう思う？）——He's really savvy.（彼にはすごい能力がありますね）のように使います。ただ、それほど大きな差はないと考えてよいでしょう。

Do you have any advice for me?

私に何かアドバイスはありませんか？

文字通り、アドバイスを尋ねる場合です。意見を聞くというよりも、へりくだってアドバイスを求める姿勢が見えます。

Do you have any thoughts about this?

これについて何かご意見はありますか？

「考えを聞かせてください」というソフトなニュアンスがあります。thoughts（考え、見解）は必ず複数形。Any thoughts? も相手にプレッシャーを与えない言い回しです。

What would you do if you were me?

もし私の立場だったら、どうしますか？

「もしあなたが私だったら」は仮定法です。仮定法には丁寧な響きがあります。直接「意見」を聞くよりも答えやすい雰囲気があります。

> **I'd like to get your feelings on this issue.**
> この件について意見を聞きたいのですが。

feelingsが「意見」の意味で使われていますが、意見にしても曖昧さもあり、強くはありません。相手の考えを聞きたいとき、あるいは一緒に考えてほしいときにぴったりの表現です。

■ あなたが知らない本当の使い方──opinion

- **We had a lively exchange of opinions.** 私たちは口喧嘩をしました。
  - ➡「私たちは活発な意見交換をしました」が直訳ですが、「口喧嘩をする」の比喩的な言い方になります。We had a big argument. も同様。
- **We conducted an opinion survey to find out what citizens think about the new factory.** 新しい工場について市民がどう思っているか調べるために世論調査を行いました。

→ opinion survey：世論調査。

▶ **The accepted opinion is that the price is too high.**
価格は高すぎるというのが一般世論です。

→ accepted opinion：一般世論。

▶ **Everyone seems to have a favorable opinion of your proposal.** あなたの企画案はみんなに好評のようですね。

→「誰もがあなたの企画案に好意的な意見を持っているようだ」が直訳。

▶ **Please try to ignore your fixed opinions. We need to think in new ways.** 固定観念は無視するようにしてください。新しい見方で考える必要があります。

→ fixed opinion：固定観念。

▶ **I've had a long-held opinion that it's best not to change something unless we have to.** 必要がない限り何も変えないのが最善だ、というのが私の長年の持論です。

→ long-held opinion：長年の持論。

▶ **The new president has a lot of maverick opinions.**
新しい社長は型破りな意見をたくさん持っています。

→ maverick とは「焼き印のない牛」のこと。すなわち「囚われない」という意味から、maverick opinion は「型破りな意見」のこと。

▶ **He's a smart guy, but we had a clash of opinion.**

彼は頭のよい男ですが、私たちには意見の衝突がありました。

→ clash of opinion：意見の衝突。

▶ **In a company, you sometimes have to conform to the opinions of your coworkers.** 会社では時として、同僚たちの考えに同調しなければならないこともあります。

→ conform to the opinion of：〜の考えに同調する。

▶ **I don't have a very high opinion of his leadership skills.** 私は彼の統率力をあまり高く買っていません。

→ have a high opinion of：〜を高く評価する。否定形で使われることが多いです。

▶ **Most Japanese don't seem very opinionated, but they do have strong feelings about things.** ほとんどの日本人は自分の意見にあまり固執しないようですが、物には強いこだわりを持っています。

→ opinionated：自説に固執した。

▶ **In my opinion, Plan B is much better than Plan A.** あまり参考にはならないかもしれませんが、私はBプランの方がAプランよりもいいと思います。

→ in my opinion は「私の考えでは〜と思います」のような意味で使われますが、実は「あまり知識はないんですけど」のような謙虚な言い回しになります。

▶ **Well, Plan B is the best plan, in your opinion.** そう

ですね、Bプランがベストということですね、あなたの意見としては。
- ➡ in your opinion は「何も知らないあなたの意見としては」という意味合い。

「意見」と言えばopinion。だからといって、相手に意見を尋ねる場合、常にopinionを用いればよいというものでもありません。意見の聞き方にもいろいろあるように、opinionの使い方もいろいろです。使い勝手のよさそうなフレーズは早速覚えてしまいましょう。

7

それじゃ炎上一直線！
日本人が避けたい3つの英語

今回は客先から来たクレームに対応する場面です。

―――◆―――

お客様に販売したものが何事もなくスムーズに動いてくれれば問題ありません。しかし、どれだけ技術者が力を結集した製品であろうと、不測の事態が起こらないことはないのです。万が一お客様から苦情が寄せられた場合、かける言葉は非常に重要です。お客様にとっては十分すぎるほど不満なはずですから。

The machine I bought from you suddenly stops and then starts again.（お宅から買った機械なんですけど、突然止まったと思ったら、また動き始めたんです）と言われました。さあ、どう答えましょう？

It's no big deal.

正しい訳 あまり大した問題ではないですね。

影の意味 あなたは心配性ですね。

「いったんは止まったけど、結局動いたんですよね」

という気持ちが見え隠れしています。相手を見下す表現になります。

> **Don't worry about it.**
> 正しい訳 心配しなくても大丈夫です。
> 影の意味 気にしすぎですよ。

相手の心配する気持ちを無視する言い方になります。

> **You're the only one to complain about this.**
> 正しい訳 今までそのようなクレームはありませんでした。
> 影の意味 あなたは嘘を言っていますよね。

直訳すれば、「この件についてクレームしてきたのはあなただけですよ」。すなわち「そんなことは聞いたことがありません」ということ。実はクレーム対応で意外と多いのが、このひと言。「あなたは嘘を言っていますね」と相手の言葉を信用しないニュアンスが色濃くあります。

■ これなら「影の意味」はない！

> **Could you tell me more about it?**
> もう少しお聞かせいただけますか？

　Could you ...?（〜していただけませんか？）は、誰に対しても、いつどんな場面でも使える万能の依頼表現です。もっと聞きたい、もっと知りたいということで、相手のクレームをきちんと受け止め、誠実に対応しようとしていることが分かります。

> **I'll investigate that.**
> お調べします。

　相手から事情を聞くことも含めて、こちらサイドとしてきちんと調査をする必要があります。その姿勢を相手に伝える言い回しです。

> **Let me see if anyone else has experienced that.**
> どなたかほかにもそのような経験をされていないか調べてみます。

　「こんなことを聞くのは初めてです」ではなく、まず

■ あなたが知らない本当の使い方——worry

▶ **I was worried sick that you were seriously injured.** あなたが重傷を負ったと聞き、心配でなりませんでした。

➡ be worried sick：（病気になるほど）心配で仕方がない。

▶ **We had a big seller last year, so we don't have any money worries right now.** 昨年よく売れた商品がありましたから、現在お金の心配はありません。

➡ money worries：お金の心配。

▶ **Inflation worries are growing, so interest rates will probably go up.** インフレ懸念が高まっていますので、おそらく金利は上昇するでしょう。

➡ inflation worries：インフレ懸念。

▶ **Don't be such a worry wart. Everything is going to be okay.** そんなにくよくよしなさんな。すべて順調にいきますから。

➡ worry wart：くよくよする人。

▶ **I didn't want to worry you, so I fixed the problem myself.** あなたを心配させたくなかったので、自分

で問題を解決しました。

→ worry someone：人を心配させる。

▶ **The client is consumed with worry.**　顧客は不安に駆られています。

→ be consumed with worry：不安に駆られる。

▶ **A：Can you really meet the deadline?**　本当に期限に間に合いますか？

B：Not to worry. I'll work on the weekend.　心配ご無用です。週末に作業しますから。

→ not to worry：心配には及ばない。

▶ **I've had this machine for three years, and it's been a constant source of worry.**　この機械を3年間使ってきましたが、絶えず悩みの種になっています。

→ source of worry：悩みの種。

　I worry ... と I'm worried ... は両方ともよく見る表現ですが、どこが違うのでしょうか。worry は「心配する」ということであり、be worried であれば「心配している」という意味になります。前者は動詞ですが、特に「動作」を表しているわけではなく、be worried と同じく「状態」を表していると考えればよいでしょう。ただ、その状態が「常に」であるのか、「現在」であるのかと考えると分かりやすいかもしれません。

　もうすぐ市長選があります。「いろいろ問題を抱えた

この市のことが心配でならない」と言うのであれば、この心配はずっと、そして常にあるので I worry about the future of the city. になります。でも、「明日の選挙結果が心配でならない」のであれば、I'm worried about the results of the election. と言うとしっくりきます。

　また、息子に関して I worry about him. と言うとき、父親や母親の言葉の中には「子どもの将来を案じる」といった含みが強く、重大なニュアンスが感じられます。一方、I'm worried about him. と言うと、「約束の時間に来ていない」のように「今の状況について心配している」というイメージになります。

8 それはケンカ別れ 交渉打ち切りで避けたい3つの英語

今回は、交渉を打ち切る場面です。

相手は会社でも同僚でも構いません。何日も何週間もかけて話し合っているのに、どうしても結論に達しない場合があります。これ以上話し合っても双方のためにならないという場面で、こちらの気持ちを述べるのはなかなか大変なことですが、先のことも考えながら上手にその局面を乗り切ることも覚えておかなければなりません。

> **We're finished!**
>
> 正しい訳　もうこれで終わりです。
> 影の意味　お前とはもう会いたくない！

かなりはっきりした意思表明です。恋愛関係や友人関係で感情的になった場合に使うことはありますが、ビジネスではまず使いません。かなり決定的な別れのセリフになります。

> **I can't talk to you anymore.**
>
> **正しい訳** もうこれ以上はお話できません。
> **影の意味** 私としては続けたいのですけど……

この場合の can't は「許可されていない」を意味します。すなわち、「本心では続けたいけど、止められている」ということになります。

> **I give up.**
>
> **正しい訳** もう諦めます。
> **影の意味** あなたの勝ちです。(あなたの言うとおりにします)

give up は「諦める→お手上げ→降参する」、すなわち、この場合は「私が負けたのだから、あなたの言うとおりにします」となります。give up は場面によってはこのような流れになります。場面に見合った使い方を心がけましょう。

■これなら「影の意味」はない！

It's not productive to continue talking.
これ以上話を続けるのは建設的ではありません。

「建設的でない、生産的でない」はこのような場面では大変使い勝手のよい言葉です。感情的ではなく、理論的かつ冷静に聞こえます。このようにひとつの流れを止めて終わりに持っていくことは悪いことではありません。

We've decided to withdraw from these talks.
このお話からは撤退することに決めました。

まず、この文の主語がweであることに注目しましょう。「私」個人の意見ではなく、「わが社」の総意であることを告げることによって、あなたが単なるメッセンジャーであることも伝えられますので、無用なゴタゴタが起きる可能性もありません。withdraw（撤退する）は「身を引く」のニュアンスがあり、stopよりもソフトに伝わります。

> **This is not a good use of our time.**
> これは時間の有効な使い方ではありません。

この場合のour は「わが社の」ではなく「私たちとあなたたち双方の」の意味になります。「そちらにとっても利点がない」と伝えることが大切です。

これら3つの表現の後には、Let's keep in contact.（今後も連絡を取り合いましょう）、あるいはLet's look for opportunities to work together in the future.（将来、一緒にお仕事する機会をまた模索しましょう）などのひと言を加えることで、今後の可能性につなげることもできます。

■あなたが知らない本当の意味──finish

finish は「終わる（自動詞）」「終える（他動詞）」のほかに「名詞」としての働きもあります。

▶ **If I finish early, I'll let you know.** 早く終わったら、知らせますね。

→ finish early：早く終わる。

▶ **If you train hard, you might finish first.** 一生懸命練習すれば、一番でゴールできるかもしれませんよ。

→ finish first：一番で終える、すなわち「一番でゴー

ルする」の意味。この場合の If ... は「仮定法」ではなく、「条件」を表しています。実現性が高いことに言及する場合は「条件」と考えます。

▶ **I haven't finished my MBA yet.**　まだ MBA を取得していません。
　➡ MBA を終えていない、すなわち「MBA を取得していない」という意味になります。finish university なら「大学を卒業する」の意味になります。

▶ **The project isn't going smoothly, but let's finish in style.**　プロジェクトは順調には進んでいません。でも、堂々と終えましょう。
　➡ finish in style：堂々と終える、見事に終える。

▶ **I'm finished with her. I never want to see her again.**　彼女とは終わった。もう二度と会いたくない。
　➡ be finished with：〜と絶交する、〜との関係を断つ。I'm not finished with you. なら「まだ話は終わっていないよ」、あるいは「まだ用件は済んでいないよ」のような意味で使われます。これが厳しい話の場合、「説教はまだ終わっていないぞ」という上から目線のひと言になります。

▶ **If ABC lower their prices, it will finish us off.**　もし ABC 社が価格を下げなければ、わが社はダメになってしまう。

→ finish offには「とどめを刺す、破壊する」の意味があります。すなわちfinish us offで「わが社にとどめを刺す→わが社がダメになる」ということ。なお、finish offのような〈他動詞＋副詞〉の句動詞では、目的語が代名詞の場合、finish us offのように目的語を動詞と副詞の間に挟みます。

▶ **Would you like to finish up with coffee and dessert?**　締めにコーヒーとデザートにしましょうか？

→ finish up with：〜で締めくくる。

▶ **This table has a beautiful finish.**　このテーブルは美しい仕上がりです。

→ 名詞のfinishには「終結、終わり」などの意味がありますが、この場合は「仕上げ」を表します。

▶ **I don't think ABC will give up. It's a fight to the finish.**　ABC社が諦めるとは思いません。これは決着がつくまでの戦いです。

→ この場合のfinishには「最終段階、決着」の意味があり、a fight to the finishは「勝敗が決するまでの戦い」ということになります。

「終わり」を表すのには、finishの他にendがあります。工芸品や美術品の「仕上げ」はfinishになりますが、endは使いません。ここから分かるようにfinishには「き

ちんと手順を踏んで最後までやり遂げる」の意味があります。I finished writing a proposal last night. であれば、「昨夜、企画書を書き終えた」、すなわち「企画書は完成した」ことになります。

　一方、endは「完遂、達成」などの意味を特に考慮に入れず、継続していたことを「（とにかく）終える、切り上げる」の意味になります。I ended writing a proposal last night. であれば「昨夜、企画書を書くのを途中で切り上げた」ということであり、これは企画書が完成していないことを意味しています。

　The sales meeting ended/finished at 4:00 this afternoon.（営業会議は午後4時に終わりました）のような場合は、どちらを使ってもOKです。このように互換できる場合もあります。どちらを選ぼうかというときは、状況を少し頭に描いてみると分かりやすいでしょう。

9

望まぬ異動にどう返事
後ろ向きと思われる3つの英語

今回は、異動を告げられる場面です。

希望の再出発？　それとも悪夢？　現実の社会が自分の望み通りに進まないことは百も承知です。でも、急な異動。それも考えてもみなかった部への異動の内示が出たら、どうすれば自分の気持ちを上手に伝えることができるでしょうか。

We've decided to move you to the sales department.（あなたを営業部に異動することに決定しました）と告げられたら？

> **Well, I'm not very good at sales.**
>
> 正しい訳　営業はあまりできません。
> 影の意味　営業をする気はありません。

「得意分野ではない」と言いたいときに、思い浮かぶのがこの not good at ですが、これは遠回しに「営業をやる気持ちはありません」と否定的な意見を伝えること

になります。

> **I've never done sales before.**
>
> 正しい訳　営業をしたことはありません。
> 影の意味　営業をしたことはありません。だからできません。

〈have + never + 過去分詞〉は現在完了形の「〜したことがない」という「経験」を表します。この場合、「したことはありません」という経験の否定に、「だからできません」のニュアンスが加わります。

> **Do I have to do sales?**
>
> 正しい訳　営業をしなければならないでしょうか？
> 影の意味　どうしても営業をする必要がありますか？

have toは、自分の意志とは関係なく「〜せざるを得ない」という外的要因からの「義務」を表します。この言い回しであれば、「私は気が進まないのですが、どうしてもしなければなりませんか？」というかなり消極的な態度を示すことになります。

■ これなら「影の意味」はない

> **I'm not really confident in sales, but I'd like to improve my skills.**
>
> 実は営業には自信がありませんが、自分のスキルを向上させたいと思います。

「自信がない」のは事実でしょうが、それでもなんとか取り組みたいという前向きな思いが出ていて、好感が持てます。

> **I've never done sales before, but I might enjoy it.**
>
> 営業はしたことがありませんが、楽しめるかもしれません。

I might enjoy it. は「（やってみると）意外と好きかもしれません」という意味で、控えめながらも「なんとかやってみよう」というポジティブな気持ちを表すことができます。

> **Okay, sure. But if there's accounting work I can do, that would be great.**
>
> 分かりました、やりましょう。でも私にできる経理の仕事があれば、それはありがたいです。

「とにかく引き受けましょう」という前向きな姿勢を示しつつ、本当に自分がしたいことを積極的にアピールするよいチャンスになるひと言です。

■ あなたが知らない本当の使い方──confident

I'm confident.（自信があります）は日本人にはなかなか言えないひと言かもしれません。confidence（自信）は名詞です。「彼女は自信家だね」であれば、She has a lot of self-confidence. と言えます。

- **I feel pretty confident in accounting, but not in sales.** 経理にはかなり自信がありますが、営業には自信がありません。
  - ➡ feel confident in：〜に自信がある。
- **Sally can give a presentation in a confident manner.** サリーは自信あふれる態度でプレゼンができます。
  - ➡ in a confident manner：自信ある態度で。

▶ **I'm confident that we'll finish before the deadline.**
私たちは期限前に仕上げられると確信しています。

→ be confident that：〜であるという確信がある。

▶ **Be confident in yourself.** 自分に自信を持ちなよ。

→ 自信をなくしている友人にかけたいひと言です。

▶ **I have total confidence in your ability.** 私はあなたの能力に全幅の信頼を寄せています。

→ この場合のconfidenceは「自信」というよりも、むしろ「信頼」と考えればよいでしょう。

▶ **This is confidential information, so don't tell anyone.** これは秘密の情報ですから、誰にも言わないでください。

→ "Confidential"——書類の上にこう記してあれば、その書類は「社外秘」のこと

confidenceには「自信」以外にも「信頼、信任」などの意味があります。vote of confidenceであれば「信任投票」。The president won a vote of confidence from the board of directors. なら「社長は取締役会から信任を得ました」の意味になります。このように硬い場面で使われるvote of confidenceですが、Thanks for the vote of confidence!（信じてくれてありがとう！）のようにカジュアルな場面でも使うことができます。逆に「不信任投票」であれば、vote of no-confidenceとなります。

第5章
間違えやすい英語

1

1ドル札が降ってくる!?
単数と複数で意味は大違い

　言葉の使い方を間違えて相手に誤解されてしまった。そんな体験はどなたにもあると思います。今回は、単数形と複数形で意味が異なるケースを取り上げます。あわせて fall の使い方を学んでいきましょう。

——◆—◆—◆——

　勉強するときはいつも完全を目指す。しかし会話をするときは通じることを目指す。これが英会話には必要なポイントです。相手を前にして英語を話すときは、完璧な英語でなくても構いません。間違いがあってもいいのです。フレンドリーに笑顔で話せば、不完全さは補われます。間違いを恐れず英語を話しましょう。そして勉強するときは完全を目指しましょう。

　ナンシーとヒロシが話をしています。「値段は下がると思う？」というナンシーの問いかけに、ヒロシは「ドルが下がっているからね」と答えています。いつもは冷静なナンシーですが、なぜか「本当？」と驚きを隠せない様子。ヒロシも戸惑っています。いったい何が起きているのでしょうか。

第5章　間違えやすい英語　181

それはこんな会話でした。

> Nancy ：Do you think prices will go down?
> Hiroshi：**Dollars are falling.**
> Nancy ：Really? Where?! Let's catch some.
> Hiroshi：Are you joking with me?

日本語に訳してみると、こうなります。

> ナンシー：値段は下がると思う?
> ヒ ロ シ：**ドルが落ちてきているよ。**
> ナンシー：本当？　どこ？　拾いましょうよ。
> ヒ ロ シ：僕のこと、からかっているの？

　Dollars are falling.と言われると、ネイティブの頭の中にはまるで映画のワンシーンのように、高いビルの窓からばらまかれたドル紙幣がパラパラと落ちてくる様子が浮かぶでしょう。fallには「落ちる」だけでなく「下落する」の意味もありますから、ヒロシの言葉選びはそれほど悪くなかったと言えますが、問題はdollarsという複数形でした。
　では、どう言えばよかったのでしょう？

> Nancy　：Do you think prices will go down?
> Hiroshi：**The dollar is falling.**
> Nancy　：That will lower our purchase costs.
> Hiroshi：That's right.
>
> ナンシー：値段は下がると思う？
> ヒ ロ シ：**ドルが下がっているよ。**
> ナンシー：それなら私たちの購入価格も下がるわね。
> ヒ ロ シ：そうだね。

　日本語にはない単数と複数の問題はなかなか厄介です。dollarsのように複数にするとドル札1枚1枚のことを指しますが、the dollarと言えば「ドルの価値」の意味になります。

　The dollar is falling. なら「ドルの価値が下がっている」。下落ほどではなく少々下がっているのであれば、The dollar is dropping. と言えばよいでしょう。

■ この際おさえておきたいfallの使い方

▶ **The stocks I invested in fell by an average of 15% last week.**　私が投資した株式が先週、平均15%で下落しました。

➡ fall by an average of：平均〜で下落する。
▶ **Production is falling behind because we're having a hard time obtaining material.** 原料を手に入れることが困難になっているので、生産に遅れが出ています。
➡ fall behind：遅れる。
▶ **Our sales fell far short of expectations. That's why our share price crashed.** わが社の売り上げは期待に遠く及びませんでした。それでわが社の株が暴落したのです。
➡ fall short of：〜に及ばない。
▶ **If our sales figures fall below expectations, we probably won't get a pay hike this spring.** もし我々の売上高が予想を下回ったら、この春の昇給はおそらく得られないだろう。
➡ fall below：〜を下回る。
▶ **I fell over backwards trying to get the client to understand our reasons for a price hike.** 顧客に値上げの理由を理解してもらおうと私は懸命に努めました。
➡ fall over backwards：一生懸命に取り組む。
▶ **When the main engineer suddenly quit, the project fell apart.** 中核エンジニアが突然辞職し、プロジェクトは瓦解しました。

→ fall apart：バラバラに壊れる、瓦解する。

▶ **If you don't fall into step, you might be pushed out of the company.** もし足並みを揃えないのであれば、会社から追い出されるかもしれません。

→ fall into step：足並みを揃える、歩調を合わせる。

▶ **Several of the employees think the president is falling down on the job.** 社長が仕事に失敗していると考える従業員もいます。

→ fall down on：〜に失敗する。

▶ **Our boss almost fell off his chair when he heard that Tom was going to quit.** トムが辞めると聞いてボスはとてもびっくりしました。

→ almost fall off one's chair は、椅子から転げ落ちそうなくらい「ひどく驚く」の意味。

▶ **Samuel said I could double my money, but I didn't fall for it.** サミュエルはお金が2倍になると言いましたが、私は引っかかりませんでした。

→ fall for には「〜を好きになる、〜のとりこになる」の意味もありますが、「〜に引っかかる、〜に騙される」の意味もあります。Don't fall for it!（そんなことに騙されてはだめよ）

▶ **Our project fell through at the last minute because the main sponsor backed out.** メインスポンサーが手を引いてしまったため、我々のプロジェクトは土壇

場でダメになってしまいました。
→ fall through：ダメになる、失敗に終わる。back out：（計画などから）手を引く。

▶ **Our operating profit fell to almost zero this quarter.**　わが社の今四半期の営業利益はほぼゼロにまで下がってしまいました。
→ fall to：〜まで下がる。

2

「静かにして」はquietかsilentか
言葉の選択に注意

　今回は、quiet と silent の使い分けについて。声をひそめる、無言になる——それぞれどちらを使えばいいでしょう？

——◆—◆—◆——

　事務所はいつもガヤガヤにぎやかです。今、その雑音の中でグリーンさんが電話で話をしています。電話に苦手意識のあるヒロシはつい、グリーンさんをおもんばかってしまいます。なるべく静かにしてあげてほしい。そんな中、ナンシーが明日の打ち合わせの確認を行おうとしています。「ちょっと、静かにしてあげて……」。ヒロシのそんなひと言が、またまた事務所にさざ波を立てていきます。

　それはこんな会話でした。

Nancy ： I need to tell you about tomorrow's meeting. It'll start...

Hiroshi ： **Please be silent**. Mr. Green's talking on the phone.

Nancy ：...
Hiroshi：What time does it start?
Nancy ：...
Hiroshi：Why aren't you talking?

ヒロシは期せずしてこう言ったことになります。

ナンシー：明日の打ち合わせについて伝えます。スタートは……。
ヒ ロ シ：**言葉を発しないで**。グリーンさんが電話で話しています。
ナンシー：……。
ヒ ロ シ：何時に始まるんですか？
ナンシー：……。
ヒ ロ シ：なぜ話さないの？

　Silent night, holy night... 有名なクリスマスソングです。街角に白く降り積もった雪がすべての音を吸い込んでしまったような、シンとした夜。この状態がsilentです。物音ひとつ立てずに、ひと言も発するな、とヒロシは言ったことになります。たとえば、社長の重大発表を聞くために会議室に集められた社員が、社長の入室と共に押し黙った（物音一つ聞こえない）状態であれば、Everyone became silent when the president walked into the conference room. となります。Please be silent. と言われてしまっては、ナンシーも口を開くわけにはいかなかったのでしょう。

では、どう言えばよかったのでしょう？

Nancy ：I need to tell you about tomorrow's meeting. It'll start...
Hiroshi ：**Please be quiet.** Mr. Green's talking on the phone.
Nancy ：Oh, okay. I'll keep my voice down. It starts at 3:15 in Conference Room C.
Hiroshi ：Okay, sounds good.

ナンシー：明日の打ち合わせについて伝えます。スタートは……。
ヒ ロ シ：**少し静かにしてください。** グリーンさんが電話で話しています。
ナンシー：あ、そうね。声を落とすわね。C会議室で3時15分スタートです。
ヒ ロ シ：分かりました。いいですよ。

無音のsilentと違い、quietは多少の物音が聞こえたり、誰かのひそひそ声が聞こえたりする状態です。気をつけさえすれば必要最小限の音は仕方がない、許容範囲

だということになります。図書館などの貼り紙はBe quiet.（お静かに願います）です。

■ この際おさえておきたいquietとsilentの使い方

▶ **I'm sorry, but I need to ask you to be quiet.** 申し訳ありませんが、少し静かにしていただけますか？
　→ 大きな声で話している人にはこのひと言がいいでしょう。Could you keep it down? と言うこともできます。keep downは「抑える」でCould you keep your voice down?（声を抑えていただけますか？）の意味になりますが、your voiceを曖昧にitと置き換えることでニュアンスがグッと和らぎます。

▶ **John is the silent type.** ジョンは無口なタイプです。
　→ silentは「あまり話さない」の意味ですが、Jane is the quiet type. と言えば「ジェーンは静かなタイプです」。この場合は動作や言葉も静か、すなわち「おとなしい人」のニュアンスになります。またShe is as quiet as a mouse.（ネズミのように静かである）は「非常に控えめで、おとなしい」の意味になります。

▶ **The market has been quiet, so there hasn't been much news this week.** 市場は安定しているので、今週はそれほどニュースもありません。

→ 値動きに激しい上下動もない「安定している」状態。「フラットである」イメージ。

▶ **Robert is a silent partner, so we don't need to get his permission.**　ロバートは物言わぬパートナーなので、彼の許可を得る必要はありません。

→ この場合のsilentは「物言わぬ」すなわち「口出ししないパートナー」の意味になります。

▶ **George remained silent during the meeting. It was a kind of silent protest for him.**　ジョージは会議の間中、無言のままでした。これは彼にとってはある種、無言の抗議でした。

→ remain silent：無言でいる、言葉を発しない。silent protest：無言の抵抗。

▶ **The silent majority accepts the revision of the bill.**　声なき大衆は法案の改正を容認しています。

→ silent majority：物言わぬ大衆。その反対がnoisy minority（声高な少数派）。

▶ **He told me he wasn't going to say anything, but he broke his silence and started complaining in the meeting.**　彼は何も言わないつもりだと私に言いましたが、沈黙を破り、会議で不満を漏らし始めました。

→ break one's silence：沈黙を破る。

▶ **When I asked for volunteers, the room suddenly**

fell silent.　私がボランティアを求めたら、部屋は静まり返ってしまいました。

→ fall silent：静まり返る、黙り込む。

▶ **I think this problem will be quietly forgotten in a few days, so let's not do anything.**　この問題は注目を浴びないまま数日で忘れ去られてしまうと思います。だから何もしないようにしましょう。

→ be quietly forgotten：ひっそりと忘れ去られる。

▶ **Everyone, please quiet down. We have a lot of things to talk about today.**　皆さん、落ち着いてください。今日は話さなければならないことが数多くあります。

→ quiet down：静かになる。この quiet は動詞です。

▶ **I don't want everyone to know about this problem, so let's conduct a quiet investigation.**　この件については皆に知られたくないので、ひそかに調査しましょう。

→ conduct a quiet investigation：こっそり調査する。

3

sell wellを受身にすると……変わる意味に気をつけて

　今回は、sellの使い方。「売る」という意味ですが、使い方によって違う意味になりますので注意が必要です。

　ナンシーの担当した会社の新製品が、なかなかの出来だったようです。それを見たヒロシは営業としてうれしくなり、「これはよく売れるに違いない！」と伝えたくてナンシーに声をかけたところ、なぜか怪訝な表情。「それはあなたの仕事でしょう？」とちょっと会話が噛み合わない様子です。どこが原因でうまく伝わらなかったのか見ていきましょう。

　それはこんな会話でした。

> Hiroshi : I saw your new product. It's really nice.
> Nancy : Oh, thanks.
> Hiroshi : **I think it will be sold well.**
> Nancy : Sold well? I thought that was your job.
> Hiroshi : Um, it is, but...

ヒロシは期せずしてこう言ったことになります。

> ヒ ロ シ：君の担当した新製品を見たよ。すごくいいね。
> ナンシー：あら、ありがとう。
> ヒ ロ シ：**巧みな売り方ができるだろうね。**
> ナンシー：巧みに？　それがあなたの仕事だと思ったけど。
> ヒ ロ シ：あぁ、そうだけど……。

　ヒロシは「よく売れる」と表現したかったのですが、It will be sold well. と受け身の言い回しをした場合、wellが「上手に」という意味にとられ、sold wellで「巧みに売られる」という意味になります。これでは「売り方」に注目していることになり、ネイティブには「誰かが巧みに宣伝などをして、売り込んでくれるでしょう」というニュアンスに聞こえます。営業であるはずのヒロシがこの言い方をしてしまうと、ちょっと他人事のようでもあり、だからナンシーも「それがあなたの仕事でしょう？」と不思議に思ってしまったようですね。
　では、どう言えばよかったのでしょうか？

> Hiroshi : I saw your new product. It's really nice.
> Nancy　: Oh, thanks.

Hiroshi : **I think it'll sell well.**
Nancy : I hope so. Is the campaign ready?
Hiroshi : Yes, everything's ready. I'll start talking to clients about it today.
Nancy : Okay, great!

ヒロシ：君の担当した新製品を見たよ。すごくいいね。
ナンシー：あら、ありがとう。
ヒロシ：**きっとよく売れるだろうね。**
ナンシー：だといいんだけど。キャンペーンの準備はどう？
ヒロシ：準備万端だよ。今日からクライアントに話し始めるつもりだよ。
ナンシー：わかったわ、いい感じね！

ここは受け身にせずに、sell well で「よく売れる」という意味ですので、It will sell well. が正解です。「うちの新製品はきっとよく売れるでしょう」と言いたいときは、Our new product will sell well. となります。

sell well を使って以下のような言い方もできます。

▶ This CD sells well.　このCDはよく売れる。
▶ This type of smartphone sells well.

この型のスマホはよく売れている。

また、ほかにも「よく売れる」と言いたいときは、big seller（ヒット商品）などを使って表現することが可能です。いろいろな言い方を覚えておきましょう。

▶ His new book will be a big seller.
　彼の新著はヒット作になるでしょう。
▶ This car will do great.
　この車は大いに売れるでしょう。
▶ Our new product is going to be a success.
　弊社の新製品はきっと大当たりするでしょう。

■ この際おさえておきたいsellの使い方

▶ **That guy sold me a lemon. This is a terrible car.**　あの男は欠陥車を売りつけた。この車は最悪だ。
　→ lemon には「欠陥車」という意味があります。
▶ **I really trusted my boss, but he sold me down the river.**　上司を信じていたのに、私を左遷した。
　→ sell ... down the river：〜を裏切る、〜を左遷する。かつてミシシッピ川下流の農場に奴隷を売ったことから。
▶ **A：What's the key to success?**　成功の秘訣はなん

ですか？

B：**You need to sell high and buy low.**　安値で買って、高値で売ることです。

➡ sell high：高く売る。

▶ **George closed down his business and sold off everything.**　ジョージは店を閉め、全て売り払った。

➡ sell off：安く売り払う。

▶ **If you're not good at selling yourself, you probably can't sell the products of your company.**　自分を売り込むのが下手ならば、自社製品を売ることもできないでしょう。

➡ sell oneself：自分を売り込む。

▶ A：**Everything I do is a mistake.**　私のやることはすべて間違ってるわ。

B：**Don't sell yourself short. Everyone makes a few mistakes.**　自分を過小評価しないで。みんなちょっとの間違いはするものよ。

➡ sell short：過小評価する。

▶ **Why did you tell everyone it was my mistake? You sold me out!**　どうしてみんなにそれが俺のミスだと言ったんだ？　裏切ったな！

➡ sell out：裏切る。

▶ **Do you really think the economy is improving? That's a hard sell.**　経済がよくなっていると本気で

思っていますか？ それは受け入れがたいですね。
→hard sell：受け入れがたいもの。

▶ A：I think I should just get a job at a major company. 大手の会社に就職しようかなと思ってるんだ。

B：You're such a sellout! We just started our company! 裏切者！ 俺たちの会社を始めたばかりじゃないか！
→sellout は本来「完売」という意味ですが、お金のために寝返った人に対して「裏切者」というニュアンスで使うことがあります。

▶ We can't sell this food. It's past the sell-by date.
この食品は売れません。販売期限が過ぎています。
→sell-by date：販売期限。特に生鮮食品に対してつけられることが多く、店頭から外すべき期限を指します。best by なら「～までが賞味期限」という意味。

▶ Your new novel will probably sell like hot cakes.
あなたの新作は飛ぶように売れるでしょう。
→sell like hot cakes：飛ぶように売れる。sell の代わりに go を使うこともあります。

4

playは子供と遊ぶイメージ 大人同士なら別の言葉で

　今回は、オフィスの雑談にもよく出てくるような「〜と遊ぶ」と言うときの表現について見ていきましょう。

――◆――◆――◆――

　オフィスも金曜日の夜ともなると、その週末の過ごし方などについて話題に出てきますね。今日もナンシーが週末に何をするかをヒロシに尋ねてきました。ご近所さんのジョージと約束をしていたヒロシはそのことを伝えたのですが……。ナンシーはジョージのことを小さな男の子と勘違いした様子です。いったいヒロシのどの表現が誤解を生んでしまったのでしょうか？
　それはこんな会話でした。

> Nancy　：What are you doing on the weekend?
> Hiroshi：**I'm going to play with George.**
> Nancy　：George? Is he a little boy?
> Hiroshi：No, he's my neighbor. He's an engineer.
> Nancy　：Huh?

ヒロシは期せずしてこう言ったことになります。

> ナンシー：週末何してるの？
> ヒ ロ シ：**ジョージとお遊びするんだ。**
> ナンシー：ジョージ？　小さな子なの？
> ヒ ロ シ：いや、ご近所さんだよ。エンジニアなんだ。
> ナンシー：え？

　日本語ではよく誰かと会うとき、大人でも「〜と遊ぶ」という言い方をしますよね。ただ、英語でplayを単独で使ってしまうと、鬼ごっこやかくれんぼなどのかなり幼い子どもがやる遊びを指します。Let's play! なんて言うと、「さぁ、遊びましょ！」と子供を遊びに誘うときの決まり文句になります。たとえばI played with my friends.（友達と遊んだ）は10歳までの子どもが使うイメージです。

　大人がplayをよく使う場面は、「スポーツ」について話すときです。play golf（ゴルフをする）、play football（サッカーをする）、play tennis（テニスをする）など、一般的に「楽しんで参加する」という意味合いが強いスポーツに対して使います。ほかにも楽器、カードゲームなどを目的語として「プレイする、演奏する」と言う場合は、大人でもplayを使います。

▶ I'll play golf with Hiroto next Saturday.
今度の土曜に、ヒロトとゴルフするんだ。
▶ My daughter plays the violin.
娘はバイオリンを弾くんです。
▶ Let's play poker. ポーカーをしましょう。

では、どう言えばよかったのでしょうか？

> Nancy : What are you doing on the weekend?
> Hiroshi : **I'm going to hang out with George.**
> Nancy : Oh, your neighbor? What are you going to do?
> Hiroshi : We're going to have a barbeque.
>
> ナンシー：週末は何をするの？
> **ヒ ロ シ：ジョージと遊ぶんだ。**
> ナンシー：あぁ、ご近所の？　何するの？
> ヒ ロ シ：バーベキューをする予定だよ。

大人が「遊ぶ」と言いたいときはどう表現すればよいかというと、hang out という表現がぴったりです。「つるむ、ぶらぶらする」という意味で、hang out with my friends で「友達と一緒に何かをした」「友達と過ごした」と言うときによく使います。たとえば、I like to hang out with my friends on my day off.（休みの日は友達とつるむのが好きだな）のような使い方をします。

ほかにも今回のシチュエーションで使えるフレーズ例をいくつかあげておきましょう。

▶ I'm hanging with George.　ジョージと会うんだ。
▶ I'm doing something with George.
　ジョージと何かする予定です。
▶ George and I are going to meet up.
　ジョージと会うつもり。

■ この際おさえておきたいplayの使い方

▶ **Let's not play the blame game.**　責め合うのはやめましょう。
　➡ play the blame game：責め合う、責任をなすり合う。
▶ **Michael is playing the fool. He's actually an expert in negotiations.**　マイケルはバカなふりをしているだけで、実は交渉の達人だ。
　➡ play the fool：バカを演じる、バカなふりをする。
▶ **Instead of taking action, let's see how the situation plays out.**　行動する代わりに、状況がどう展開するか見てみましょう。
　➡ play out：繰り広げられる。

▶ **That strategy might be illegal. Let's not play with fire.** この戦略は違法かもしれません。危険を冒すのはやめておきましょう。

→ play with fire：火遊びをする、危険を冒す。

▶ A：**Henry called in sick again.** ヘンリーがまた病気だと電話してきました。

B：**Again?! I think he's playing sick.** また？ きっと仮病でしょう。

→ play sick：仮病を使う。

▶ **In the meeting, just play along with whatever I say.** 会議では私の言うことに合わせてください。

→ play along with：〜に同意するふりをする、〜に合わせる。

▶ A：**Should we leave at 3:30?** 3時半に出ましょうか？

B：**Let's play it safe and leave at 3:00?** 念のために3時に出ましょうか？

→ play it safe：危険を伴うことはしない、安全策をとる。

▶ A：**Is your company going to open a new shop here?** あなたの会社の新店舗をこちらで開業するのですか？

B：**We're playing with that idea.** その案も検討中なんです。

➡ play with：〜を検討してみる。
▶ **Don't play it down. It's a serious problem.** 軽く見ちゃいけない。これは深刻な問題ですよ。
➡ play down：軽く扱う。
▶ **A：I'm going to be late today.** 今日は遅くなるよ。
  B：Stop playing games with me! This is the third time this week. コケにしないで！ 今週で3回目よ！
➡ play games with：〜をコケにする。相手の不誠実な言動に対して「見え透いたこと言わないで」「もう騙されないわよ」のようなニュアンス。
▶ **I think we need to sue ABC. It's time that we play hardball.** ABC社を訴えるべきだ。強硬手段をとるときが来た。
➡ play hardball：強硬手段に出る。
▶ **A：Are you ready for tomorrow's presentation?** 明日のプレゼンの準備はできたの？
  B：Let's play it by ear. 成り行きに任せよう。
➡ play it by ear：その場に応じてやる。本来は「耳で聴いただけで演奏する」「楽譜なしで即興演奏する」という意味でしたが、転じて「臨機応変に行う」。

5

意外に言えない「結構です」
直訳調は相手を怒らせる

　今回は、相手からの申し出を断るときに気をつけたい表現などについてお話ししていきます。あわせてhelpの使い方を見ていきましょう。

——————◆　◆　◆——————

　忙しそうに見えたヒロシを気遣って、仕事の手伝いを申し出たナンシー。期日に余裕があったので、手伝ってもらうのも申し訳ないという気持ちで、「大丈夫だよ」とヒロシは断ったのですが……。ナンシーは真っ赤な顔をして「二度と手伝わない！」とかなりご立腹のご様子。なぜここまで怒らせてしまったのでしょうか？　誤解の原因を見ていきましょう。
　それはこんな会話でした。

Nancy　：Is there anything I can do?
Hiroshi：**No, I don't need your help.**
Nancy　：Oh? Really? Well, don't ever ask me for help again!
Hiroshi：What?

このやりとり、日本語にするとこうなります。

> ナンシー：何か手伝うことある？
> ヒロシ：**いや、君の助けなんかいらないよ。**
> ナンシー：あら、そうなの？　二度と手伝いを頼まないでよね！
> ヒロシ：なんだって？

　遠慮したつもりで、「君の手伝いは必要ないです」と伝えたつもりだったヒロシですが、この表現では、「あなたの助けなんていらない！」とかなりきっぱりと拒否する言い方になります。場合によっては「自分でできるから構わないで」と言っているようにも聞こえるので、せっかく手伝いを申し出てくれたナンシーが怒ってしまうのも当然でしょう。

　では、どう言えばよかったのでしょうか？

> Nancy：Is there anything I can do?
> Hiroshi：**No, I'm fine, but thanks for asking.**
> Nancy：Okay. If I can do anything, just let me know.
> Hiroshi：Thanks!
>
> ナンシー：何か手伝うことある？

ヒロシ：**いや、大丈夫だよ、気遣いありがとう。**
ナンシー：了解、何かあれば言ってね。
ヒ ロ シ：ありがとう！

　I'm fine. はあいさつとして覚えている人が多いと思いますが、何かを勧められて「結構です」と断るときのひと言としてもよく使われます。I'm good. も少し砕けた言い方ですが、よく使われます。最初に、No, I'm fine.（いいえ、大丈夫です）などときちんと断ったら、さらに But thanks for asking. というひと言を添えるのがポイントです。

　断るときにも相手の気遣いに対してきちんとお礼の気持ちを表すことは、ビジネス、日常の場面でとても大切なことなので、覚えておくと便利なフレーズです。たとえば、飲み物などを勧められて断るときも、この言い方でスマートに断ることができます。ほかにも使えるフレーズをいくつか挙げますので、断り上手になれるようにしましょう。

▶ Thanks, but I think I can handle it on my own.
　ありがとう、でも自分でなんとかできそう。
▶ I'm all right, but thank you for asking.
　大丈夫です。気遣いありがとう。
▶ I'll be okay, but thanks for asking.

大丈夫です。聞いてくれてありがとう。

■ この際おさえておきたいhelpの使い方

▶ **Please help yourselves to some refreshments.** 軽食をご自由にどうぞ。
- → help oneself to：〜を自分で取る。Please help yourself. で「ご自由に取って食べてください」と料理などを勧めるときに使います。

▶ **I couldn't help but notice your necktie.** そのネクタイがどうしても気になったよ。
- → couldn't help but notice ...：〜に気づかずにいられなかった。

▶ **I can't help but feel sorry for the guy who Mary dumped.** メアリーに振られたその男に同情せざるを得ない。
- → can't help but feel sorry for：〜に同情せずにいられない。

▶ **I'm afraid it's not going to help to continue.** 残念ながら、これ以上続けても仕方がないでしょう。
- → not going to help to continue：続けても仕方がない。I'm afraid は相手にとって好ましくない事実を伝えるときに使う切り出しフレーズです。

▶ **If you could help me, I'll be able to finish on time.**

もし手を貸していただければ、間に合います。

⇒ If you could help me：もし手を貸していただけるのであれば。「もしよかったら」というニュアンスで、押しつけがましくなく頼むことができます。

▶ **The dog is beyond help.** その犬は助かる見込みがありません。

⇒ be beyond help（助けを越えて）は、すなわち「手の施しようがない」の意味。

▶ **George was at the meeting, but he wasn't much help.** ジョージは会議に出席していましたが、大して役に立ちませんでした。

⇒ be not much help：大して役に立たない。

▶ **It would be a lot of help if you could fax these documents for me.** この書類をファクスしてもらえるととても助かります。

⇒ be a lot of help：大いに役に立つ。

▶ **With your help, we were able to get approval.** あなたの協力があって承認を得ることができました。

⇒ with one's help：～の協力により、～のおかげで。

▶ **You're not helping.** 迷惑です。

⇒ 「あなたは助けていない」は「それは迷惑だ、役立っていない」の意味になります。

▶ A : **My cough just won't stop.** 咳が止まらないんだ。

B : **Take some honey. It helps to cure coughs.** は

ちみつ舐めなよ。咳を鎮めてくれるよ。
→「〜する効果がある」というニュアンスです。

▶ **A：Could you help me with my homework?**　宿題を手伝ってくれる？

　B：No. You need to do that by yourself.　ダメよ、自分でやりなさい。
　→ help someone with：人が〜するのを手伝う。

▶ **This program has helped improve productivity in developing countries.**　このプログラムは開発途上国の生産性向上に役立っています。
　→ help (to) do：〜するのに役立つ。to は省略してもOKです。

▶ **Sometimes I feel so helpless at work.**　時々仕事でどうにもできないと感じることがある。
　→ helpless：無力な。

help は「助ける」という意味ですが、Help me. はかなり重大な事態に使うことが多いフレーズです。日常生活の中でいきなりこう切り出してしまうと、びっくりされてしまうかもしれません。ちょっと何か手伝ってもらいたいときには、Could you help me out? や Could you give me a hand? などがおすすめです。

6

「どういうこと?」が「意味ないね」に theは難しい

今回は、相手に要点は何かを尋ねるときの言い方についてお話ししていきます。単語のちょっとした違いで伝わる意味が全く変わってしまうので注意が必要です。

―――◆―◆―◆―――

ナンシーが取引先への返事を一任され、どうしていいのかヒロシに相談してきました。ナンシーも受けた方がいいのか、断った方がいいのか迷ったまま話しているため、言っていることが少し支離滅裂。なので要点を整理してもらおうと「何が言いたいの?」と言ったつもりが、意外な反応。急にヒロシの意見に反対だ、と言い出しました。どの言い方が誤解を生んだのか見ていきましょう。

それはこんな会話でした。

> Nancy : If we say yes, it will cause problems, but if we say no, then…I don't know. We can't give up.
> Hiroshi : **What's the point?**

第5章 間違えやすい英語　211

Nancy ：No, I disagree! We can't give up!
Hiroshi：I know... but... ?

ヒロシは期せずしてこう言ったことになります。

ナンシー：もし承諾したら、問題は起きるわよね、でも断ったら……どうだろう。諦めるべきじゃないわよね。
ヒ ロ シ：**何をしても無駄だよ。**
ナンシー：いいえ、私はそうは思わないわ！　諦めちゃダメよ！
ヒ ロ シ：いや、それはわかってるけど。

What's the point（of ...）は、「それをすることにどういう意味があるの？」つまり「そんなことしても意味ないよ」という意味で使うフレーズになります。What is the point of discussing this problem in the meeting?（この問題を会議で話し合う意味ある？）のように、相手の行動に対して否定的であることを伝えるときに使います。

A：I want to go to the pet shop.　ペットショップに行きたいな。
B：What's the point? We aren't allowed to keep animals in our apartment.　なんのために？　うちのアパ

ートは動物は飼えないじゃないか。
A：I just want to look at the cats.　ただ猫が見たいの。

では、どう言えばよかったのでしょうか？

> Nancy ：If we say yes, it will cause problems, but if we say no, then…I don't know. We can't give up.
> Hiroshi：**What's your point?**
> Nancy ：Well, what I want to say is that we have to take action.
> Hiroshi：I agree with you.
>
> ナンシー：もし承諾したら、問題は起きるわよね、でも断ったら……どうだろう。諦めるべきじゃないわよね。
> ヒ ロ シ：**何が言いたいの？**
> ナンシー：つまり、言いたいのは何か手を打たなくては、ってこと。
> ヒ ロ シ：その通りだね。

　pointは「要点」という意味ですので、your pointは「あなたの言いたいこと」という意味になります。相手

の話の要点が見えなかったり、回りくどくてわかりづらい、というときはWhat's your point?（つまりどういうこと？）と聞きます。会議などでも、要点を得ずにダラダラ話してしまうと、このように突っ込まれることがあるかもしれません。そんなときはナンシーのようにWhat I want to say is ... や My point is ... と、言いたいことを簡潔にまとめて言うようにしましょう。

A：Well, he helped me with overtime work, then he gathered all of the reports, and today he helped with the meeting.　でね、残業を手伝ってくれて、そのあとレポートも全部まとめてくれて、今日は会議でも助けてくれたの。

B：What's your point?　何が言いたいの？

A：In other words, I'm saying that Mike is a really nice guy.　つまり、マイクがとっても優しいってことを言いたいの。

■ この際おさえておきたいpointの使い方

▶ **Excuse me for interrupting, but I'd like to make a point.**　邪魔してすみませんが、一つだけ言わせてください。

　➡ make a point：主張を述べる。Let me make a point.

で「ひと言言わせてください」という意味になります。

▶ **When you first started talking, I disagreed with you, but now I see your point.**　初めの話ではあなたに同意できませんでしたが、今はおっしゃりたいことはわかります。

➡ see one's point：〜の言い分に納得する。I see your point. で「君の言い分はわかる」と同調を表します。see の代わりに take や get でも OK です。

▶ A：**We can't change our plans now. It's too late.**　今さら計画を変えることはできない。手遅れだ。

B：**That's my point!**　それが私の言いたいことです！

➡ someone's point：言い分。That's my point. で「まさにそれが言いたかった」という意味です。強調して That's exactly my point.（それだよ、それ）のような使い方をします。

▶ **I've explained a lot of things, but the point is that this is the best plan.**　あれこれ説明してきましたが、要点はこれが最善の策であるということです。

➡ the point：重要なこと、要点。

▶ A：**I disagree! We can't tell Mike about this.**　反対です！　このことはマイクには言えません。

B：**You're missing the point. We have to.**　分かってないね、言わなきゃいけないんだよ。

→ miss the point：思い違いをする。趣旨を分かってないような相手に対して、I think you're missing the point. で「趣旨をご理解いただけていないようですね」のように使ったりします。

▶ **A：If the clients learn about this, they might say no.**　これをクライアントが知ったら、Noと言うかもね。

B：That's a good point.　そこが問題なんです。

→ good point：良い点。That's a good point. で「その通りなんです」というニュアンスで、相手の意見を認めるときの表現。

▶ **A：Henry won't like this plan.**　ヘンリーはこの企画は好きじゃないんだね。

B：That's beside the point. This is our only choice.　それは別問題だよ。これしか選択肢はないんだ。

→ beside the point：的外れで、話が別で。

▶ **At some point, we'll have to tell the staff that we need to cut everyone's pay.**　ある時点で、全員の給料削減の必要があることをスタッフに伝えねばなりません。

→ at some point：ある時点で。

▶ **I make a point of making sure all the lights get turned off at the end of the day.**　1日の終わりには電気を全て消すようにしている。

➡ make a point of ...ing：（重要なので）〜する必要がある。それをすることに必要性があるため、ちょっと無理をしてでも行うようにしていることを述べるときに使います。

例) My mother made a point of walking the dog everyday.
（母は毎日犬の散歩をするようにしていた）

▶ **Today I'd like to go over the plan point by point, so listen carefully.** 今日はプランを一つ一つ確認していきますので、気をつけて聞いてください。

➡ point by point：1つ1つ。

▶ **From my point of view, we need to say no to both plans.** 私の考えでは、どちらのプランも断るべきです。

➡ point of view：見解、立場。From my point of view で「私に言わせれば」と切り出すときに使います。

▶ **Could you stand here and point guests to the main office?** ここに立って、ゲストに本社の場所を教えてもらえますか？

➡ point someone to：（場所を）人に示して教える。

▶ **I'd like to point out that we only have two more days until the deadline.** 期限までに2日しかないことを指摘したいと思います。

➡ point out：指摘する。

7

署名求めたら「私はおとめ座」
名詞signは通じない

　今回は、ビジネス文書でも必要とされる「サイン」についての表現を見ていきましょう。

◆　◆　◆

　契約書や申込書などに印鑑を押す文化のある日本とは異なり、海外では名前を自署するのが主流です。外国のオフィスで働くヒロシは、ある書類に同僚ナンシーの署名をもらう必要がありました。そこで、書類にサインをしてくれるように頼んだつもりなのですが……。なぜかナンシーからは予想外の答えが返ってきました。どうやら彼女は別なことを尋ねられたと思ったようです。いったいヒロシの言い方のどこがまずかったのでしょうか？
　それはこんな会話でした。

Hiroshi : Good morning, Nancy. **Can I have your sign?**
Nancy　 : I'm a Virgo.
Hiroshi : A Virgo? What's a Virgo?
Nancy　 : I was born in September, so it's my sign.

Hiroshi：Oh...

日本語に訳すとこうなります。

ヒロシ：おはよう、ナンシー。**きみの星座を教えてもらえるかなぁ？**
ナンシー：私はおとめ座よ。
ヒロシ：おとめ座？　なんのこと？
ナンシー：私は9月生まれなの。だから、おとめ座が私の星座よ。
ヒロシ：ああ……。

　日本語では署名のことを「サイン」とも言いますよね。ですからヒロシは、「あなたのsignをもらえますか？」と聞いたのでした。ところが英語のsignは、もっぱら動詞として「署名をする」という行為を意味することはあっても、名詞としては「署名」の意味を持っていないのです。

　名詞としてのsignは、「印」「合図」「看板」「兆し」などを表すほか、天文学で言う「黄道十二宮」の一つ、つまりVirgo（おとめ座）、Pisces（うお座）、Cancer（かに座）といった「星座」を指します。だから、もしWhat's your sign?と聞かれたなら、それは「きみって何座なの？」と、あなたの星座（zodiac signまたは

astrological sign）を尋ねている可能性があります。

　一方、動詞として使うのでしたら、signには「署名する、サインする」という意味があります。sign a letter（手紙に署名をする）、sign one's name（名前をサインする）のように他動詞として使うこともできれば、sign for a check「小切手にサインをする」、sign on the dotted line「点線の上に署名する」のように自動詞としても使えます。

　では、どう言えばよかったのでしょうか？

Hiroshi：Good morning, Nancy. **Can I have your signature?**
Nancy　：What do I need to sign?
Hiroshi：The contract with ABC.
Nancy　：Okay, no problem.

ヒ ロ シ：おはよう、ナンシー。**きみの署名をもらえるかなぁ？**
ナンシー：署名する必要があるのはどれ？
ヒ ロ シ：ABC社との契約書だよ。
ナンシー：分かったわ、いいわよ。

　英語で「署名」を言い表したいときは、名詞のsignではなくsignatureを用いればよいのです。signatureは

「署名」「サイン」を意味する単語です。put one's signature on（〜に署名をする）のような使い方をし、collect signatures（署名を集める）という表現もできます。

　ちなみに、同じ「サイン」でも、作家が自著にサインするような場合はautographと言って区別します。有名人にサインを頼むときは、May I have your autograph?（サインをもらえますか？）などとお願いするのです。また、「筆跡」はhandwritingと言います。handwriting analysisで「筆跡鑑定」です。

■ この際おさえておきたいsignの使い方

▶ **After the explosion, there was no sign of life.**　爆発のあと、生命の痕跡は残らなかった。
　→ sign of life：生き物の気配・形跡。

▶ **The doctors didn't find any sign of cancer.**　医者たちが診ても、がんの兆候は見つからなかった。
　→ find no sign of：〜の兆しは見つからない。

▶ **The rise in the stock market shows no signs of slowing down.**　株式相場の上昇は衰える気配もない。
　→ show no signs of ...ing：〜する気配がない。

▶ **My boss gave me a sign to finish up my**

presentation.　上司は私にプレゼンを終わらせろと合図をした。
　→ give a sign：合図をする。身ぶりを使って合図を送ることを意味しています。

▶ **All the participants need to sign in at the reception desk.**　参加者は全員、受付で署名してから入る必要があります。
　→ sign in：署名して中に入る。施設・会場などの入館簿に署名してから入るということです。

▶ **Mary signs off her email messages with "Later!"**　メアリーはいつも「またね」と書いてメールを締めくくる。
　→ sign off：手紙を書き終える。

▶ **A：Did you sign up for the seminar?**　セミナーに参加を申し込んだ？
　B：No, I don't have time to go.　いいや、行く時間がないんだ。
　→ sign up for：〜に参加を申し込む、〜に登録する。

▶ **My friend is deaf, so I learned sign language from him.**　友人は耳が不自由なので、私は彼から手話を習った。
　→ sign language：手話。動詞のsignには「手話で話す」という意味もあります。

▶ **The baseball player signed with the Giants.**　その

野球選手はジャイアンツと契約を結んだ。
- ➡ sign with：〜と契約する、〜との契約書に署名する。

▶ **Because of the scandal, Sam was forced to sign over his company to his partner.** スキャンダルのせいで、サムは共同経営者に会社を譲り渡す羽目になった。
- ➡ sign over：署名して譲り渡す。契約書に署名して、財産や権利などを譲渡するということです。

▶ **Interest rates are going down, and that's a positive sign that the stock market will rise.** 金利が下がっているのは、株式相場が上昇する明るい兆しだ。
- ➡ positive sign：明るい前兆、肯定的な兆し。「プラス記号」という意味もあります。

本書は日本経済新聞電子版NIKKEI STYLE出世ナビ連載
「ビジネス英語・今日の一場面」を再編集したものです。

日経ビジネス人文庫

こんな時 英語でなんて言う？

2019年7月1日 第1刷発行

著者
デイビッド・セイン

発行者
金子 豊

発行所
日本経済新聞出版社
東京都千代田区大手町1-3-7 〒100-8066
電話(03)3270-0251(代)　https://www.nikkeibook.com/

ブックデザイン
鈴木成一デザイン室

本文DTP
マーリンクレイン

印刷・製本
中央精版印刷

本書の無断複写複製(コピー)は、特定の場合を除き、
著作者・出版社の権利侵害になります。
定価はカバーに表示してあります。落丁本・乱丁本はお取り替えいたします。
©A to Z Co. Ltd., 2019
Printed in Japan　ISBN978-4-532-19951-7

nbb 好評既刊

30の名城からよむ日本史　安藤優一郎

なぜ、そこに城が築かれたのか――。北は五稜郭、南は首里城まで、30の名城の秘された歴史を探る。読めばお城を訪れたくなる一冊!

問題解決力　飯久保廣嗣

即断即決の鬼上司ほど失敗ばかり――。要領のいい人、悪い人の「頭の中身」を解剖し、論理的な思考技術をわかりやすく解説する。

問題解決の思考技術　飯久保廣嗣

管理職に何より必要な、直面する問題を的確、迅速に解決する技術。ムダ・ムリ・ムラなく、ヌケ・モレを防ぐ創造的問題解決を伝授。

30の発明からよむ世界史　池内 了=監修／造事務所=編著

酒、文字、車輪、飛行機、半導体……私たちの身の回りのものにはすべて歴史がある。原始から現代までを30のモノでたどる面白世界史。

30の発明からよむ日本史　池内 了=監修／造事務所=編著

日本は創造と工夫の国だった! 縄文土器、畳、醤油から、カラオケ、胃カメラ、青色発光ダイオードまで、30のモノとコトでたどる面白日本史。

nbb 好評既刊

ずるいえいご　青木ゆか・ほしのゆみ

もう暗記は要りません！　中学英語レベルでだれでも"ぺらぺら"になる4つのメソッドを、コミックエッセイで楽しく解説。

なんでも英語で言えちゃう本　青木ゆか

違いは「発想」だけだった！　中学・高校レベルの単語でスムーズに会話できるメソッドを、ベストセラー『ずるいえいご』の著者が徹底解説。

R25 つきぬけた男たち　R25編集部=編

「自分を信じろ、必ず何かを成し遂げるときがやってくる」──不安に揺れる若者たちへ、有名人が自らの経験を語る大人気連載。

西郷どんの真実　安藤優一郎

将たる器を備えたヒーローか、それとも毀誉褒貶の激しい激情家なのか？　謎に満ちた西郷隆盛の知られざる人物像に迫る。

30の神社からよむ日本史　安藤優一郎

神代から近代まで多くの逸話が眠る神社。鳥居の向こう側に隠された歴史の真実とは──。参拝、御朱印集めがもっと楽しくなる一冊！

nhb 好評既刊

フランス女性の働き方
ミレイユ・ジュリアーノ
羽田詩津子=訳

シンプルでハッピーな人生を満喫するフランス女性。その働き方の知恵と秘訣とは。『フランス女性は太らない』の続編が文庫で登場!

Becoming Steve Jobs 上・下
ブレント・シュレンダー
リック・テッツェリ
井口耕二=訳

アップル追放から復帰までの12年間。この混沌の時代こそが、横柄で無鉄砲な男を大きく変えた。ジョブズの人間的成長を描いた話題作。

スノーボール 改訂新版 上・中・下
アリス・シュローダー
伏見威蕃=訳

伝説の大投資家、ウォーレン・バフェットの戦略と人生哲学とは。5年間の密着取材による唯一の公認伝記、全米ベストセラーを文庫化。

サイゼリヤ おいしいから売れるのではない 売れているのがおいしい料理だ
正垣泰彦

「自分の店はうまい」と思ってしまったら進歩はない――。国内外で千三百を超すチェーンを築いた創業者による外食経営の教科書。

イラストレッスン ゴルフ100切りバイブル
「書斎のゴルフ」編集部=編

「左の耳でパットする」「正しいアドレスはレールの上で」「アプローチはボールを手で投げるように」――。脱ビギナーのための88ポイント。

nbb 好評既刊

人生100年時代のらくちん投資

渋澤健・中野晴啓・藤野英人

少額でコツコツ、ゆったり、争わない、ハラハラしない。でも、しっかり資産形成できる草食投資とは？ 独立系投信の三傑が指南！

経済の本質

ジェイン・ジェイコブズ
香西泰・植木直子=訳

経済と自然には共通の法則がある——。自然科学の知見で経済現象を読み解く著者独自の視点から、新たな経済を見る目が培われる一冊。

リーダーは最後に食べなさい！

サイモン・シネック
栗木さつき=訳

TEDで視聴回数3位、全世界で3700万回以上再生された人気著者が、部下から信頼されるリーダーになるための極意を伝授。

How Google Works

エリック・シュミット
ジョナサン・ローゼンバーグ
ラリー・ペイジ=序文

すべてが加速化しているいま、企業が成功するためには考え方を全部変える必要がある。グーグル会長が、新時代のビジネス成功術を伝授。

フランス女性は太らない

ミレイユ・ジュリアーノ
羽田詩津子=訳

過激なダイエットや運動をせず、好きなものを食べて楽しむフランス女性が太らない秘密を大公開。世界300万部のベストセラー、待望の文庫化。

nbb 好評既刊

封印された三蔵法師の謎
テレビ東京=編

およそ1400年前、過酷な3万キロの旅を成し遂げた玄奘三蔵。そこで彼は何を見、知ってしまったのか。知られざる実像に迫る。

日経スペシャル ガイアの夜明け 闘う100人
テレビ東京報道局=編

企業の命運を握る経営者、新ビジネスに賭ける起業家、再建に挑む人。人気番組「ガイアの夜明け」に登場した100人の名場面が一冊に。

日経スペシャル ガイアの夜明け 不屈の100人
テレビ東京報道局=編

御手洗冨士夫、孫正義、渡辺捷昭――。闘い続ける人々を追う「ガイアの夜明け」。5周年を記念して100人の物語を一冊に収録。

日経スペシャル ガイアの夜明け ニッポンを救え
テレビ東京報道局=編

技術革新が変える農業、地方を変える町興し――。人気番組「ガイアの夜明け」から、不況と闘い続ける人たちを追った20話を収録!

日経スペシャル ガイアの夜明け 挑む100人
テレビ東京報道局=編

「クリエイティブなことをしていくのが職人の本質」「皆が行く方向が正解ではない」――変革に挑むリーダー100人の言葉を一冊に。

nbb 好評既刊

ディズニーが教える お客様を感動させる 最高の方法
ディズニー・インスティチュート
月沢李歌子=訳

サービスこそディズニーのすべて——驚異の顧客満足度とリピーター率を誇るディズニーが、独自手法を徹底解説した話題作!

論理思考力をきたえる「読む技術」
出口 汪

文の構造を把握し、論理の流れをとらえれば、新聞でもビジネス書でも、速く正確に理解できる。人気現代文講師の、仕事に生かせる読書術。

大局観
出口治明

辺境をつくり、辺境に出でよ。人間は動物であることを知れ——。60歳でネット生命保険業を立ち上げた風雲児が語る、大局観を養う方法。

ギスギスした職場は なぜ変わらないのか
手塚利男

結果を出す職場のチームづくりの秘訣を「7つのフレームワーク」と「32のすごい仕掛け」で具体的に解説。社内の人間関係が変わる!

なぜリーダーは「失敗」を 認められないのか
リチャード・S・テドロー
土方奈美=訳

現実を直視できず破滅に向かう企業と、失敗を認め成功する企業の経営の違いとは。ハーバード・ビジネススクールの教授が説く教訓。

nkb 好評既刊

仕事が変わる!「新」ツイッター活用術
日経トレンディ=編

「マーケティングに役立つ検索」などの情報収集術から「ツイッター交流のマナー」などの交流術まで、仕事に役立つツイッター活用術を紹介!

サクサク作成! エクセル文書ワザ99 新版
日経PC21=編

今や書類は「読ませる」から「魅せる」へ。基本操作から作図、レイアウトまで、初心者でも効率よく美しい書類が作れるテクニックが満載。

1秒でできる! パソコン一発ワザ90
日経PC21=編

「離れたファイルを選択する」「パソコンをロックする」など、すぐに使えて、一瞬で作業が完了する90の方法を厳選して紹介します。

いますぐ使える! 定番フリーソフト50
日経PC21=編

市販品顔負けの高機能デフラグソフト、PDF文書に書き込める編集ソフト——。PC21編集部が厳選したフリーソフト50本を紹介。

イライラ解消! エクセル2010/2007 即効ワザ
日経PC21=編

便利な操作を修得すれば仕事が早く終わる! 基本から裏ワザまで——ベストセラー「イライラ解消! エクセル即効ワザ99」の改訂版。